中國學術思想 研究輯刊

十 六 編

林 慶 彰 主編

第 4 冊

莊子內篇夢字義蘊試詮

徐 聖 心 著

花木蘭文化出版社

國家圖書館出版品預行編目資料

莊子內篇夢字義蘊試詮／徐聖心 著 — 初版 — 新北市：花木
蘭文化出版社，2013〔民 102〕
序 2+ 目 2+150 面；19×26 公分
（中國學術思想研究輯刊 十六編；第 4 冊）
ISBN：978-986-322-129-6（精裝）
1. 莊子　2. 研究考訂
030.8　　　　　　　　　　　　　　　　　102002258

ISBN-978-986-322-129-6

9 789863 221296

中國學術思想研究輯刊
十六編　第 四 冊　　　　　　　ISBN：978-986-322-129-6

莊子內篇夢字義蘊試詮

作　　者　徐聖心
主　　編　林慶彰
總 編 輯　杜潔祥
出　　版　花木蘭文化出版社
發 行 所　花木蘭文化出版社
發 行 人　高小娟
聯絡地址　235 新北市中和區中安街七二號十三樓
　　　　　電話：02-2923-1455／傳真：02-2923-1452
網　　址　http://www.huamulan.tw 信箱 sut81518@gmail.com
印　　刷　普羅文化出版廣告事業
封面設計　劉開工作室
初　　版　2013 年 3 月
定　　價　十六編 25 冊（精裝）新台幣 42,000 元

莊子內篇夢字義蘊試詮

徐聖心　著

作者簡介

徐聖心，祖籍廣東蕉嶺，1965 年生於臺灣彰化，1998 年獲臺灣大學中文所博士，現任臺灣大學中國文學系教授。學術領域為先秦儒學、莊子與莊子學史、明末清初三教交涉、中國美學史、中國夢文化。

已發表專書有《莊子三言的創用及其後設意義》，《青天無處不同霞──明末清初三教會通管窺》；以及學術論文〈偶然性・再現・生命實相──蘇軾〈後赤壁賦〉釋旨〉，〈「莊子尊孔論」系譜綜述──莊學史上的另類理解與閱讀〉，〈先秦關於「人與國家」主題論述的兩種型態──從韓非子對儒家的批評談起〉、〈《史記》論「個體與歷史」舉隅──〈伯夷列傳〉決疑〉、〈《孟子》「天下之言性」章異疏會詮及其人性論原則〉，〈宗炳〈畫山水序〉及其「類」概念析論〉，〈陰陽神化與繼善成性──宋明儒對〈繫辭・上傳〉第五章第一節的闡釋〉，〈楊貴妃在當代東亞──論文藝的形象塑造與生命解讀〉……等。

提　要

本論文就莊子一書有關「夢」的觀點，討論其意涵與關涉的問題。相關的文獻，〈齊物論〉和〈大宗師〉各兩章。討論方式是疏解原文，再將疏解所得作一綜論。全文共四章。

第一章說明〈齊物論〉「瞿鵲子問於長梧子」一段。此段「夢」字意涵是遞進的：第一層：夢與覺相對，喻指吾人經驗的種種性質；第二層，以大夢標示整個經驗的「無實在意義」，由大覺觀照而知；第三層再以夢象喻（1）大覺為語言表達的蛇足，及（2）相應於人心靈的大覺是愚芚無知。以此遞進涵融的意涵，說明人心體道的狀態和「道」的部分特性，并由體道和夢的比方，討論真理裁定的問題。

第二章，由一問題出發，以體會驗證的實踐性格為基點，探討「真人不夢與莊周夢蝶」論述的表面衝突，能否得到調解？先討論不夢，使不夢與心齋聯絡，藉神與氣的說明，理出莊子對人類心靈結構，和理想運作方式的看法；以此為基點，再討論不夢和夢蝶相容、或相牴時，夢蝶的幾重意涵，說明「物我」的新關係，及如何了解此關係。

第三章，疏解〈大宗師〉「顏回問於仲尼」一章。論題是以「夢為鳥而厲乎天；夢為魚而沒於淵」為中心，說明生死問題及如何處理「知與情」。結論由氣與神說明本無生死。「本無生死」，必須透過心靈鍛煉及提升自我境界，才能成辦；了解「本無生死」，則生命如夢之「非真非假」──非真，故有形軀之變易；非假，才能鍛煉心靈，提升我境。

第四章，綜論。以四個問題為導引，綜合說明前三章疏解所得的意旨：

一、超越經驗意義的夢覺，如何能畫分、互通……（即莊子如何知道夢與覺的種種層次與意涵？）

二、夢、不夢、生死等經驗，都與氣有關，氣在三者之間，關係如何？

三、第三章結論：「本無生死。」這與夢或不夢有何關係？

四、莊子最初了解上述生死、夢覺等的思惟方式為何？在吾人生命中，如何體會并實際操作？

關於第四個問題，筆者以為莊子何以有如此思想深度；文章理脈何以如此鋪敘轉折？可以說，完全建立在心靈的實際修煉程序，因名之為「無竟深觀」。觀，借用佛語，表慧，含體用兩義；無竟，表心體之無窮，為莊子語。以「無竟深觀」讀莊子，可確認「深觀」是莊子思想與文脈所深依；如此，便足以規畫、建立「深觀」理論。

夢所關聯的體道、真理裁定、不夢、物我關係、生死諸問題、透過氣與神加以說明，就只是一個問題──心靈的狀態與自我境界。自我的最高境界，就莊子而言，是至人無己，或吾喪我。這是本論文以夢入手，將莊子部分的分立觀念，予以通貫的闡釋。

序

　　這本碩士論文即將出版之際，有幾句話應寫在前頭。本書第二章〈眞人不夢與莊周夢蝶〉自其首次發問（課堂，1989）、發表（《中國文學研究》，1991）、及後續師友論學，前後經歷了許多讀者的質疑（最後一次的否定論難在1997），此後仍將難免引生疑惑，尤恐或有不讀本書而逕據成見率予否定之事，因此預先說明如次。

　　第二章〈眞人不夢與莊周夢蝶〉寫於碩一下學期。當時先在張亨先生的課堂上作報告。報告當日凌晨得一夢，夢中場景即張亨先生課堂，史研所同學宋家復在課堂上誦一詩，〔註1〕此詩爲我所不曾聞……。大綱正式報告後，或因僅具雛型，或因表達未盡朗暢，或亦因此問題千載來未嘗有人探勘，所以除宋家復擊節歎賞之外，幾乎所有人都認定這個問題不能成立。何以不成立呢？「莊周夢蝶」的主詞是莊周；「眞人不夢」的主詞是眞人。又或有不細讀《莊子》而誤認原文爲「至人」，而謂：「至人不夢，至人如上帝；莊周夢蝶，莊周是人。上帝不作夢，莊周夢蝴蝶，兩個人、兩件事……何況人與上帝是不能比較的。」或者，因爲一在〈齊物論〉，一在〈大宗師〉，脈絡宗旨既異，不可並觀。或者，一是實寫，一是寓言，表法各殊，不宜相混……等，種種質疑與譏諷，不勝枚舉。讀者或亦將有此疑，唯望讀者能細讀本書能於不疑處有疑的論點，以廣知人之德；但未必即得同時接受本書的解法。希望對話可以持續，而誤解可以消弭。

　　然而除此種種質疑之外，當年也頗得張亨先生、王叔岷先生、楊儒賓先生

〔註1〕今宋先生已自哈佛大學東亞系取得博士學位歸國，在臺大歷史系任教。

等人的肯定。王、楊兩先生皆謂此題亦縈思經年，尚未下筆而已。為紀念王叔岷先生，謹將他當年審查本書第二章時的評語移錄於此，〔註2〕以為序文之結：

「真人不夢與莊周夢蝶」是非常有趣耐人深思的問題，作者能設想此一問題，足見其慧根不淺，……作者從莊子文章脈絡、如抽絲剝繭，層層迫入，其方法相當細密，……通篇文辭結構方面，也乾淨謹嚴，這是一篇非常聰明極見工苦的論著。

其中對作者的謬賞，筆者斷不敢承；但對文章設題的肯定，自信可百世以俟聖人而不惑。

不過，畢竟是少作，見解既未洞徹，表達尤為晦澀，更且尚未釐清的問題仍多，實不宜付梓。然其中亦有一愚之得，不忍遽棄。時隔多年，雖盡力修改，但時程有限，所得無多，大體仍舊，尚請讀者能得意忘言。碩士論文之外，書末並附上兩篇論文，以廣篇幅。兩篇所論亦皆曾發生爭議，正見解人不易得。第一篇論《莊子》中生死詞組諸義，及其生死觀之歸結，文雖蹇澀，然足與本書論《莊子》「本無生死」一義相發；第二篇論莊子尊孔之義，此義之全面整理在學界亦屬首發，故初發時或評拙作所言為：「全不顧莊子原意的謬論」，幸得當年臺大中文學報編審慧鑑錄用。且近年楊儒賓先生承道盛、密之、船山開展的相關論文，亦正足與拙作所見互證。

最後，感謝林慶彰先生、杜潔祥先生的推薦，與花木蘭文化出版社的協助，使這本少作得以問世。也希望得到學界先進的斧正。值得附帶提及的是，書中第二章在寫作過程中，曾與高中舊遊賀瑞麟先生討論，佛教七地菩薩以上不夢，即經其提點；另外詮釋莊周夢蝶的相關插圖，原稿的設計者是筆者，而翩然逸遊、步履從容的莊生，乃出自友人蔡振豐先生的手筆。在此一並致謝。

〔註2〕王叔岷先生參與薛明敏先生學術論著獎審查所撰寫的意見。自然是匿名審查，但當年電腦的運用並不普遍，所以從手寫稿很容易判斷字跡出自那位先生。且當年研究所學長，但凡至中研院拜訪王先生，先生必提及此文。

目 次

前　言

一、緣　起

　　夢和死亡，一直是個人生命中的兩件大事，常感不安與驚懼。自曉事以來，夢幾乎不曾在生活中間斷過；而死亡則自童年便惑畏不已。年歲漸長而惱困日深，不知夢中奇譎種種由何而來，亦不知死後人往何而去。徒事空想，擾而寡益。

　　進中文系，讀諸子書，深喜莊、孟兩部，於莊子興味尤多。非惟其文采獨步，亦因書中常以生死夢覺連言，雖不解其義，卻不妨耽讀之樂。時常展玩之際，突然覺得書中兩段文字似乎形成奇特的對比：真人不夢與莊周夢蝶。一開始只模糊地感到有趣：既已不夢，卻又夢為胡蝶？後因修習張亨先生「先秦思想專題討論」一課程的機緣，才正式將此感到對比的模糊意識清楚地形成問題，試探性地做一篇論文加以解答，便是現在這本論文的第二章。在這篇小論文中，雖已有兩萬字的討論，實還不能充分展開《莊子》本文的豐富意涵，但發現夢可以和莊子一些對生命的重要觀點聯結，也算是讀莊子的新角度。本論文即以第二章為基礎，擴大為以《莊子》中的夢為主題。之後再凝縮為內篇中夢字義蘊的處理。至於為何只取內篇的材料？則由下一部分說明。

二、取材範圍止於內篇之理由與處理方式

　　第一次和金老師討論題目，表示要以《莊子》中的「夢」為主題時，金老師馬上說：「那材料很少喔。」既然如此，為何在極有限的材料裡，又縮小

到只用內篇？而且內篇中共有五章講夢，又只取四章？

《莊子》中，提到夢字的共有九篇十一章，內篇爲三篇五章，外篇爲四篇四章，雜篇爲二篇二章。〔註1〕其中若扣除〈大宗師〉與〈刻意〉的重複，則只算十章。在整理閱讀有「夢」字的部份之後，發現夢可最基本地分爲兩類：一是夢字作爲一觀念；另一是夢是作爲引出論旨的媒介。這兩者有何不同？試以下面兩例來看：

> 1、予惡乎知夫死者不悔其始之蘄生乎？夢飲酒者，旦而哭泣；夢哭泣者，旦而田獵。方其夢，不知其夢也，夢之中又占其夢焉。覺而後知其夢也。且有大覺，而後知此其大夢也。……丘也與女皆夢也，予謂女夢亦夢也。（〈齊物論〉）

> 2、匠石之齊，至於曲轅，見櫟社樹。其大蔽牛，絜之百圍，其高臨山十仞而後有枝，其可以爲舟者旁十數。觀者如市，匠伯不顧，遂行不輟。……匠石歸，櫟社見夢曰：『女將惡乎比予哉？若將比予於文木邪？夫柤梨橘柚，果蓏之屬，實熟則剝，剝則辱；大枝折，小枝泄，此以其能苦其生者也，故不終其天年而中道夭，自掊擊於世俗者也。物莫不若是。且予求無所可用久矣，幾死，乃今得之，爲予大用。使予也而有用，且得有此大也邪？且也若與予也皆物也，奈何哉其相物也！而幾死之散人，又惡知散木！』匠石覺而診其夢。弟子曰……（〈人間世〉）〔註2〕

前一例像繞口令，夢與覺不斷重複，用以逼近「生死」那一句的意思，並以其自身意義的轉變（夢／大夢），帶出新的意義，亦即，夢就是主題。後一例則不然，夢是使櫟社和匠石產生對話的過渡，讓樹與人在經驗中不能對談的限制，透過夢來去除。作爲一過渡而言，夢就非必要的成分，主題都在櫟社樹所說的話中。而本論文是要以夢作爲一觀念來加以探討，因此只取前一例所代表的類型，後一例則留待其他主題、方式的處理。正巧唯有內篇中的夢才屬此類，而外篇則多爲媒介〔註3〕，與前引內篇〈人間世〉之例相同，因此

〔註1〕 這九篇十一章爲〈齊物論〉二章，〈人間世〉一章，〈大宗師〉兩章。〈天運〉〈刻意〉〈至樂〉〈田子方〉〈外物〉〈列禦寇〉皆一章。

〔註2〕 本書所引莊子原文，皆據郭慶藩《莊子集釋》，臺北：莊嚴出版社，1984。但於文末註明篇名，不另出注。

〔註3〕 這只要按讀原文就可以知道。只有〈天運〉中的夢與〈人間世〉一例不盡相同，但其做爲觀念的指向亦不強。若復讀原文便曉。

連〈人間世〉在內的後一例，皆不在本論文的取材範圍內。而內篇四章的處理基本上依其出現的先後次序來討論，但眞人不夢與莊周夢蝶仍一併討論，理由大致見第二章第一節。此處補充一點，即若不合併討論，其間一些問題必得在綜論中加以解釋，但本文綜論只說此四章之通義，兩不相諧，故仍合在一章。

那所謂夢作爲一觀念又是什麼意思？個人將它視爲較特別的意思：對心靈的某種作用（觀）的描述詞，這與一般的觀念皆不同。〔註4〕而且，不是像近代西方心理學所熱衷討論的夢，亦非只視爲文學上的比喻用語，而視爲莊子在觀照生命現象中所用的方式，與由此形成對生命的了解。但爲何要提出這種分別？除了以此做爲取材的標準之外，它還意味著什麼？這將由下一部分來說明。

三、本論文的預設

前一部份說及，夢做爲一觀念的特殊取義，又與一般觀念的兩種意義都不同，觀念都成於心，而可分爲三種，最簡單的意味在於說明：心的功能的不同。本論文的前三章爲疏解《莊子》本文，其中牽涉的問題全都是心靈的能力及其運作的問題。但在行文中實無法枝蔓地詳加說明，因此想在此對心靈能力問題的預設作一簡單的陳述。這個對心靈能力的基本預設，我將先由《莊子》中的分法說起，並試著以其他說法爲佐證。

> 臣以神遇而不以目視，官知止而神欲行。（〈養生主〉）

這一句是從庖丁解牛寓言節取下來，可以作爲《莊子》中對人心靈能力的基本看法。這點在第二章還會提到，這兒只約略說明人心靈能力可簡分爲兩層：官知和神。（目則視爲感官層次）即使如此分，它最大的問題在於：「神」對於一般人的經驗是不可知的，則神之有無只是一疑點，而不能確定，則簡分爲二而作爲預設恐亦不可靠。因此得說明神是什麼，如何可能？這亦在第二章有說。而此處的重點在另外提出一更高的分別來說明二分的可靠與「神」的可能性：

〔註4〕 見黃振華著《康德哲學論文集》頁1、2（論空間）：「我們的觀念有兩種：一是直接表象當前的唯一的對象的觀念，這種觀念叫做『直觀』（Anschauung）；一是表象許多對象的共同的標幟的觀念，這種觀念叫做『概念』（Begriff）。空間是直觀，而非概念。因爲概念是從多數的個別對象中抽象出來的普遍觀念……」不論是直觀或概念，都又與《莊子》中的夢有別。

臣之所好者道也，進乎技矣。始臣之解牛之時，所見無非牛者。三
年之後，未嘗見全牛也。(〈養生主〉)

這幾句正在前引文之上。它說明在我們日常經驗（所見無非牛者）之外（或
之上），還有一可為吾人所知的世界（未嘗見全牛）。神與未嘗見全牛之境之
遇合，權稱為「道」。但另一世界的存在為何不為經驗所知？歷來讀莊者，有
幾人知「未嘗見全牛」是何境界？因此另一可知的狀態須包含兩個條件：一、
由解牛三年的生活歷練而言，是操作的，實踐的；二、是依於另外的心靈能
力的（神）。這兩個條件肯定之後，便知我們之讀《莊子》，何以有「未嘗見
全牛」表面為吾人所知，卻實質地非吾人所知的衝突。但或亦有人說，這或
只是莊子一人獨唱，兩段文獻皆其自造，如何知必有「神」？只得以其他或
許相通的說法持以為佐證，庶乎可說此分法具有普遍性。

1、幾千年來的中國傳統，不管儒道釋都是講實踐的，儒家講道德實
踐，道家講修道的工夫，佛教講解脫煩惱要修行，所以都是實踐
的，而接觸 noumena 非由實踐不可，由思辨理性只對知識所及
的範圍有效，故康德轉向實踐理性是正確的，轉到實踐理性就須
接觸到實踐理性所呈現的本心、良心（儒家），道心（道家），如
來藏心、般若智心（佛教）。〔註5〕

2、本體界中的觀念很多，說法亦不一。在康德則集中在上帝、靈魂
不滅與意志自由；在道家，則說為不可道之「道」；在儒家則說
為仁體流行，說為誠、神、幾；在佛家則說為真如、涅槃。不管
如何說法，總屬本體界，亦總非知識所行境界，即非知識對象，
因此凡作為成功知識的條件的在此俱不能用。〔註6〕

上面兩段都是牟宗三先生在論康德時一併說的，而由上引兩文可證，「神」（道
心）所在的領域與「官知」所對的領域是一共通的分判而具普遍性。整個知
識領域和本體界的分別，背後須有種種深複的討論與解決，在此僅以其結論
作為本論文的基本預設，而便於出發。

〔註5〕 見牟宗三《中西哲學之會通十四講》，頁90。
〔註6〕 見勞思光《康德知識論要義》頁3～4，牟宗三序文。

第一章　予謂女夢亦夢也

瞿鵲子問於長梧子曰：『吾聞諸夫子：聖人不從事於務，不就利，不違害，不喜求，不緣道，無謂有謂，有謂無謂，而遊乎塵垢之外。夫子以爲孟浪之言，而我以爲妙道之行也。吾子以爲奚若？』

長梧子曰：『是黃帝之所聽熒也，而丘也何足以知之？且汝亦大早計，見卵而求時夜，見彈而求鴞炙。予嘗爲女妄言之，女以妄聽之。奚？旁日月，挾宇宙；爲其吻合，置其滑涽，以隸相尊；眾人役役，聖人愚芚；參萬歲而一成純，萬物盡然，而以是相蘊。

予惡乎知說生之非惑邪？予惡乎知惡死之非弱喪而不知歸者邪？麗之姬，艾封人之子也，晉國之始得之也，涕泣沾襟，及其至於王所，與王同筐床，食芻豢，而後悔其泣也。予惡乎知夫死者不悔其始之蘄生乎？夢飲酒者，旦而哭泣；夢哭泣者，旦而田獵。方其夢也，不知其夢也，夢之中又占其夢焉，覺而後知其夢也。且有大覺，而後知此其大夢也。而愚者自以爲覺，竊竊然知之，君乎牧乎，固哉！丘也與女皆夢也，予謂女夢亦夢也。是其言也，其名爲弔詭。萬世之後，而一遇大聖，知其解者，是旦暮遇之也。

既使我與若辯矣，若勝我，我不若勝，若果是也？我果非也邪？我勝若，若不吾勝，我果是也？而果非也邪？其或是也？其或非也邪？其俱是也？其俱非也邪？我與若不能相知也。則人固受其黮闇。吾誰使正之？使同乎若者正之，既與若同矣，惡能正之？使異乎我與若者正之，既異乎我與若矣，惡能正之？使同乎我與若者正之，既

同乎我與若矣，惡能正之？然則我與若與人，俱不能相知也，而待彼也邪？

化聲之相待，若其不相待，和之以天倪，因之以曼衍，所以窮年也。何謂和之以天倪？曰：是不是，然不然。是若果是也，則是之異乎不是也，亦無辯。然若果然也，則然之異乎不然也，亦無辯。忘年忘義，振於無竟，故寓諸無竟。』

第一節　議題的引出：聖人的生命特徵

　　一開始，我們還不能直接面對生死夢覺的交互指義，而要考量莊子在什麼情況下引出「生死夢覺」的討論？不然既顯得寡頭，也會流於斷章取義。生死夢覺的子題是從那一個核心問題衍申出來的呢？瞿鵲子啟問是由「聖人」如何如何發端，並且以為這些「如何如何」即是「妙道之行」：聖人體「道」的表現。長梧子的答話也提到「眾人役役，聖人愚芚」「萬世之後而一遇大聖，知其解者，是旦暮遇之也」，則整段當是以「聖人」的生命特徵為其核心來開展其子題。在《莊子》，聖人是「人格修養詣極」的謂名之一，與至人、神人、真人同級，因表達內容不同而異名。〔註1〕值得注意的是，單就內七篇而言，聖人是出現篇數（六篇）和頻率都是最高的人格謂名，尤其是〈齊物論〉。〔註2〕但我們宜暫置各處聖人內容相通性的探求，而應單就本篇討論長梧子所展示「聖人生命特徵」與齊物主題的關係。

　　在瞿鵲子的問話中，包含有兩重意思，長梧子的答話也針對兩重問題展開。第一重明顯地在一段「聖人生命特徵」的刻畫；但面對這段描述，卻有正反兩方的意見，「夫子以為孟浪之言，而我以為妙道之行也」。「孟浪」一詞雖無定釋，向云：「音漫瀾，無所趨舍之謂。」〔註3〕成疏：「孟浪，猶率略也。」〔註4〕崔譔曰：「不精要之貌。」〔註5〕但由「而」字轉語詞和「吾子以為奚若」

〔註1〕　如〈天下〉郭注：「凡此四名（按：天人、神人、至人、聖人），一人耳，所自言之異。」成疏：「……已上四人，只是一耳，隨其功用，故有四名。」《莊子集釋》，頁1066。
〔註2〕　如〈逍遙遊〉和〈天下〉各以「（至人無己，神人無功）聖人無名」「以天為宗，以德為本，以道為門，兆於變化，謂之聖人」來提點「聖人」所表述的特殊內容。
〔註3〕　《莊子集釋》，頁99。
〔註4〕　《莊子集釋》，頁99。

的就教於長梧子來看，是傾向否定意味。但否定又可分兩面來說，一是如〈逍遙遊〉中肩吾以接輿之言爲「大有逕庭，不近人情」的否定，〔註6〕一是就「率略」之意，指言說的描述對於「聖人」而言過於粗疏率略；而瞿鵲子心底卻讚歎不置，以爲這樣的描述已經很精細了。但不知自己和夫子兩方孰是孰非，因此就正於長梧子，這是第二重。因爲這兩重意思，使得長梧子答話一開始便說：「是黃帝之所聽熒也！」即面對「聖人的生命特徵」當爲何，與以上所說究竟或是或非，即使黃帝也感到困惑爲難啊！把整個核心的難度烘托出來。

我們在本章最前端簡分一大段爲五小節，〔註7〕便是與此隱藏結構相應。第一小節爲提問，第二小節乃長梧子另答聖人體段，第四小節乃正答仲裁兩端爭議的困難。那麼第三、第五兩小節的作用呢？第三小節移出主軸另就人類之「知」的某種特殊狀態加以申論，乃因上述兩重的難度之間，隱然皆貫穿著「知」的問題；第五小節，顯然是本段與〈齊物論〉部分議題的重要結論。簡析全段結構之後，下文先討論第一重難度。

第一重難度，即「人格境界」本身的知必發於「狀態實我」之體證；〔註8〕而且境界又無止境，更使體知變得困難。試舉〈寓言〉爲例：

> 1、莊子謂惠子曰：「孔子行年六十而六十化，始時所是，卒而非之，未知今之所謂是之非五十九年非也。」惠子曰：「孔子勤志服知也？」莊子曰：「孔子謝之矣。」
>
> 2、顏成子游謂東郭子綦曰：「自吾聞子之言，一年而野，二年而從，三年而通，四年而物，五年而來，六年而鬼入，七年而天成，八年而不知死不知生，九年而大妙。」

前一則表即如孔子之聖，於事物的是非判定上，到六十歲都還不敢自以爲定是；而其於「是非」判定的審慮上也不依於「勤志服知」——即《論語》的「多聞而識之」；後一則由一年到九年表示境界的遞升是無窮的，即使資優生能越級，從「一年而野」直跳「三年而通」時，殆亦只能了解「二年而從」，

〔註5〕　《莊子集釋》，頁99。

〔註6〕　原文爲：「吾聞言於接輿，大而無當，往而不反，吾驚怖其言，猶河漢而無極也，大有逕庭，不近人情焉。」

〔註7〕　莊子原文我們分節，本論文亦分節。故爲不在稱謂上相混，將莊子原文稱第幾小節；本論文仍稱第幾節。

〔註8〕　狀態實我是筆者對於「人的真實自我的境界」的名稱，亦即是實踐意義的；相對於本文所說的妄計的個人來說，則屬於意見假我。相對應的心靈狀態則近於舊說所謂「德性之知」與「見聞之知」之分。

不能奢望「四年而物」。那第一重的難度便又包含了兩層了。

　　再論第二重難度，是就正反兩方不能自決是非，而似需就教於第三者，這裡帶出來的難度是：二──三人之間真理的裁決如何可能？（暗承著全篇與「儒墨之是非」相關的「辯」，以及同篇前一段「庸詎知吾所謂知之非不知邪？庸詎知吾所謂不知之非知邪？」對「真知」的質疑）二人之間有所異同，第三者憑藉什麼可以為仲裁者？是否真有是非？若無，則世間果無真理嗎？若有，如何決定？……而第四節長梧子答話便是就此而發揮。分析兩重難度竟，以下論長梧子關於聖人體段的說明。

　　第二小節長梧子簡單就正反兩方粗下斷言：「丘也何足以知之？且女亦大早計，見卵而求時夜，見彈而求鴞炙」，你的夫子未必能了解這話，你則性急而躐等了。「大早計」，陳壽昌曰：「方聞言而遽擬諸行。」〔註9〕王夫之曰：「亟求知，何足以知！必至乎聖而後知之。」〔註10〕都暗示「體道」「妙道之行」的難度：卵須經孵化成雛，再培育成雞才能司夜；彈需射需中鴞需柴薪才能得「鴞炙」，兩者皆需實際操作的辛苦歷程。再進一步說，了解「聖人的生命特徵」不是在「聞諸夫子」的言談內容，而在「必至乎聖而後知」。這點剋就本文便可明白。倘使瞿鵲子「聞諸夫子」便是明白「聖人之道」，那麼便不會仍有所惑，還待長梧子校正；或瞿鵲子本已明瞭「聖人之道」，那也自可判斷「聞諸夫子」的，究竟符於「妙道之行」否。由這兩端推之，都足以證「人格境界」之知是與一般知識的知有別。此猶〈大宗師〉說：

　　　　且有真人而後有真知。

必得生活中實踐經驗過的人格境界才可能成為我們真正了解的人格境界，這與一般知識不同。在這之前則對描寫「聖人生命現象」的內容判其是非高下也都言之過早了。長梧子先說明了解聖人還須透過「歷程」（用兩個比喻表實際經驗的不易）；以及由言語來了解判斷「聖人生命」的不當，方才進一步說話。

　　　　子嘗為女妄言之，女以妄聽之。奚？

這是很妙的頓挫，在「義理上」和前文緊密相扣。作為不足了解「聖人生命特徵」的語言來說，我要宣說，只是隨意說說，說些不實的話，你也且隨意地聽。這個提點，再把「聖人生命、人格」與「言說詮表」的關係鬆一鬆。這一超離的態度對長梧子和瞿鵲子而言都很重要。對長梧子而言，要說「聖人生命特徵」，

〔註9〕陳壽昌，《南華真經正義》，頁38。
〔註10〕王夫之，《莊子解》，頁26。

那我是否即是聖人呢？若不然，如何知聖人？而長梧子的答案絕不是「是」，亦不會是「不是」。在態度上長梧子與「不喜求、不緣道」相應（按：據王敔增註：「自謂未得而求之，自謂已得而緣之」〔註11〕說，前者答「不是」，後者，答「是」，長梧子兩者皆離）因此所說只是「妄言」；言語與「妙道之行」的間距在「至乎聖」之前是存在的，而且「至乎聖」時，言語的限度和有盡也仍與「聖人生命」不完全相同，因此只需「妄聽之」。至此長梧子才宣說「聖人生命特徵」，這部份首尾是「旁日月……萬物盡然而以是相蘊」。

　　頭兩句「旁日月，挾宇宙。」本文不取郭注：「以死生爲晝夜，旁日月之喻也；以萬物爲一體，挾宇宙之譬也。」〔註12〕理由有二：（一）因爲郭注如此需經兩步跳躍：日月轉爲晝夜，晝夜再喻死生，實在穿鑿。（二）再者死生後頭別有立說，爲何與此處重複？故宜參考陳壽昌：「謂日月合明，宇宙在手也。」〔註13〕及王闓運：「明並日月，量兼宇宙」，二說釋義甚佳，直見聖人胸懷氣魄。在這胸懷氣魄中值得注意的是「心量的超拔展廓與客觀世界的互動關係」。日月爲吾人常見，宇宙爲吾人常對，但在日常經驗中，是否心量已然超拔開闊？卻頗值得懷疑。聖人之所以爲聖人，在於對心量無限性的先見；如〈逍遙遊〉說：

　　　天之蒼蒼，其正色邪？其遠而無所至極邪？其視下也，亦若是則已矣。

在某一意義的詮釋下這段文字也可說在恢闊吾人心量，使其超脫日常經驗的侷促有限；借由動詞詞義與客觀世界描述的連結：「天之蒼蒼——其視下也——若是」「旁（依）日月，挾（懷）宇宙」而暗示「個人／宇宙」的一體無別。

　　至於「爲其吻合，置其滑涽，以隸相尊」三句，郭注與成疏可從：

　　　以有所賤，故尊卑生焉，而滑涽紛亂，莫之能正，各自是於一方矣。故爲脗然自合之道，莫若置之勿言，委之自爾也。

　　　成疏：脗，無分別之貌也。置，任也。滑，亂也。涽，闇也。……夫物情顛倒，妄執尊卑，今聖人欲祛此惑，爲脗然合同之道者，莫若滑亂昏雜，隨而任之，以隸相尊，一於貴賤也。〔註14〕

〔註11〕《莊子解》，頁26。
〔註12〕《莊子集釋》，頁101。
〔註13〕《南華眞經正義》，頁38。
〔註14〕《莊子集釋》，頁101。

在恢闊的心量裡，包覽萬有，這三句立刻說明面對的方式。這裡提「面對方式」，並非如王闓運：「與世吻合，不從事於務」的解法，在「人心──世界」關係中設想或取擇；而是直接就「聖人之心」的狀態說「面對方式」，亦即「為／置」的取捨，都應僅就「聖人之心」而言。「吻合」是回復心靈能力之受於天的樣態，亦即如「吻合」一般「自然」；滑涽則是我們習知的心靈運作方式，在這之中唯有「紛亂」「亂闇」（郭注成疏）「未定之謂」（向云）。這種習知的心靈運作方式是什麼？以及其運作所達到的亂闇不定是什麼？且看〈齊物論〉：

> 有始也者，有未始有始也者，有未始有夫未始有始也者；
>
> 有有也者，有無也者；有未始有無也者，有未始有夫未始有無也者。

這段可有多種合理的詮釋。在此，本文要以此說明：通過語言或概念的對偶性，一般心靈運作的限度──背反。不論主張「有始」或「未始有始」（大概指推本宇宙起源而言），雖然表面上相反，卻各有其支持的可信服的理由，而互不能相駁；若說無始，那麼開始有物的那一點是否即不存在？若不存在，那現在的宇宙萬有緣何而有？若說有始，那麼有始之前又是如何？拿背反來綜合嗎？那另一例，「有／無」的疊羅漢，難道句子長字數多的便擁有攻陷真理的武力嗎？章太炎釋此段時說：

> 計色故有，計空故無。……計色為有，離計孰證其有？計空為無，
>
> 離計孰證其無？〔註15〕

「計」字含括宏深，大凡一般推理、臆度，揣想以至精密思辨都在「計」之內，雖有淺深，不都只是五十步與百步之別嗎？「計」與「計」所造成的「背反」是很平常的生活經驗，大抵一件事都至少會有正反兩面的觀點與評論，這樣背反至少可有三種，一是平時對日常事件的評論和取擇，常南轅北轍，比如「知其不可而為之」，亦自有人主張「知其不可而不為」；另一是思想派別上種種的對立，也常是恰成尖銳背反的，如一般所知的唯心唯物之爭；一是對超經驗事物的構想，如宇宙起源的有始無始、通靈之可能與否……。而計較吉凶優劣利弊是非都不能完滿，因此唯有「置之」。正因在心靈上放棄計度所表現的不確定，與惑亂不明的運作，由計度而生的一般「價值觀點」亦必瓦解之後重新建構，「以隸相尊」是由「為其吻合」的新觀點下的價值秩序。

〔註15〕《齊物論釋定本》頁 66。

由此順下來說「眾人役役，聖人愚芚」。純出自然便不假安排，不運用「計度」，所以說「愚芚」；而「眾人役役」正在使勁地擘畫構思，一張宏圖在「計度」中展開。「愚芚」所代表的「渾沌無知」的更深意義是關連於「道」的。〔註16〕「道」唯有體證方知。單從道作爲「遍在的宇宙原理」來考量，必然是「整全」的。〔註17〕試問「整全」能否由「計度」的追尋方式達到呢？不論「計度」的功能多強偉，「整全」的存在一旦爲我們「試圖」把握，便不是「整全」，因爲試圖在它之外而整全在它之內，分內分外，是否仍爲「整全」？「試圖」的意向能破壞整全，「把握」的機制更不待言。此外，在「計度」的思量作用，是無法脫離語言的，暫不說語言本身的「封限」問題，〔註18〕「語言計度」的運行必在時間中展開成爲線形的構成，這線形的構成同樣地與道的整全性質不相應。〔註19〕由這幾點可衡定如次：「道」作爲通名指謂「遍在的宇宙原理」時，無法透過「計度」的方式觸會，而只能以無知的方式體証。愚芚指涉的「無知」與役役指涉的「奔忙計度之中」同樣就人的心靈狀態的差別而言。

最後兩句「參萬歲而一成純；萬物盡然，而以是相蘊」。這兩句表面上看來似乎是客觀性的描述，但和聖人的生命特徵的主題如何取得意義上的聯繫？因此由以上的解釋說下，這兩句應還是指聖人的心靈境界。要了解這兩句，當由「而」的聯繫得其意指的關鍵。亦即「萬歲———一成純」「萬物———相蘊」作爲表面上認知經驗中感矛盾的兩者，透過「而」字的苞舉兩面，賦予一特殊的意涵。以上都是對心靈狀態本身的描述詞，此處則兼由心靈狀態

〔註16〕此意〈天地〉中有說，而〈知北遊〉言之尤詳。〈天地〉：「黃帝……遺其玄珠。（司馬彪曰：玄珠，道眞也。）使知索之而不得，使離朱索之而不得、使喫詬索之而不得也，乃使象罔，象罔得之。」
〈知北遊〉：「知北遊於玄水之上、登隱弅之丘，而適遭無爲謂焉。知謂無爲謂曰：予欲有問乎若？何思何慮則知道？何處何服則安道？何從何道則得道？三問而無爲謂不答也。非不答，不知答也。……（黃帝曰）彼（無爲謂）其眞是也，以其不知也。……」
〔註17〕這點可由〈知北遊〉東郭子問於莊子，「所謂道，惡乎在？」莊子的回答而見。莊子答：無所不在，在螻蟻、稊稗、瓦甓、屎溺。又說「至道若是，大言亦然。周徧咸三者，異名同實，其指一也。」
〔註18〕語言的封限，〈齊物論〉多言之。「言者有言，其所言者特未定也。」未定似乎表示無限，然其不能適當表意又是其有限。
〔註19〕這是一般所謂「思想」的根本型態。亦即「時間相」必然地伴隨思想的發動而附隨，則「思想」與「參萬歲而一成純」的心靈顯然有別。

及其客觀地施用時整個的情狀加以陳詞。「參萬歲」是指道亦指心的在時間中貫徹其動力（參），而在時間上可見的長度中，心靈依然如上所述的渾全純粹，這是就心的體用而言；而在萬歲中的萬物，皆以心之體用的參糅貫徹而相蘊，〔註20〕相蘊是謂物在時空中雖有雜多分隔，然吾人所據以觀體之理則同，物之所具之理亦同；且不只具理之同，則以此心與理相互蘊涵——又見其「一成純」。

第二節　「死、生」作爲夢覺問題的前導

以上只將長梧子所說的聖人生命特徵概略地覆述一遍，主要都在申說聖人心靈狀態的渾然無分別（一體、吻合、愚芚、一成純），其中蘊涵的問題和理論都未暇深究。長梧子爲何在這之後接上「予惡乎知說生之非惑耶？予惡乎知惡死之非弱喪而不知歸者耶？」一大段？生與死、夢與覺，與瞿鵲子的問話、聖人人格境界有什麼關連，以及從什麼角度探討生死問題？生死／夢覺的交互對應又如何？而「夢」代表什麼觀念，更是要從上面問題的探討中歸結來看。

首要解決的問題，是以下段落是否很實際地談論生死問題？也就是一般意義的「人的生死」，如大部分注家所說？如此懷疑來自兩點，一是文脈不順，本篇與本段至今皆未論及生死問題；一是以筆者的閱讀經驗而言，確實面對生死問題的，是〈大宗師〉。因此，本文要純從象喻的觀點，視「生死」爲一組「對比架構」，作爲莊子探討問題的進路。〔註21〕

> 予惡乎知說生之非惑耶？予惡乎知惡死之非弱喪而不知歸者耶？麗之姬，艾封人之子也，晉國之始得之也，涕泣沾襟，及其至於王所，與王同筐床，食芻豢，而後悔其泣也，予惡乎知夫死者不悔其始之蘄生乎？

長梧子先質疑「說生惡死」的情感是否「合情合理」。基於什麼如此懷疑？我們問「說生惡死」之情是怎麼來的？王夫之注曰：「說生者，說其生之有知而

〔註20〕按：此處不採郭注，以「盡然，以是相蘊」的「是然」二字爲「是不是，然不然」中之是然。「以『是』相蘊」的「是」，較接近 Bradley 所謂的「the immediate this」，參看牟宗三先生《中國哲學十九講》，第十二講，主要見頁258～262。

〔註21〕生死作爲象喻，更深地相應於老子的「有無」，可參潘柏世《東方文哲資料》第一冊。本文取其視生死爲象喻的觀點。

已。」〔註22〕「說生」只因我們可以對這百年有知覺感受，而「以為」死後這些胥皆無有，在「生命現存」的覺知中，「死」完全是不可知的一面。但就人生全體來說，「死」是必然含蘊著的——自古誰無死？就大期限而言，死亡是必然的；就小範圍而言「不可知」的未來永遠在我們可以感知之外。面對一大片蒼茫的「不可知」，我們根本無從了解究竟是什麼樣貌，如何能「厭惡」？即使就能感知的「生命現存」而言，我們果真能了解它嗎？〈齊物論〉前段泛觀吾人心靈現象的種種幻化（「樂出虛，蒸成菌」）之後說：

> 已乎！已乎！旦暮得此，其所由以生乎！非彼無我，非我無所取。是亦近矣，而莫知其所為使。若有真宰，而特不得其朕：可行已信，而不見其形，有情而無形。百骸、九竅、六藏，賅而存焉，吾誰與為親？汝皆說之乎？其有私焉？如是皆有為臣妾乎？其臣妾不足以相治乎？其遞相為君臣乎？其有真君存焉？

心靈的種種現象似乎因有「我」而一一感知，但又是什麼在「我」之中幻化出諸般心靈現象？是否有個真宰，真君呢？彷彿感知到某種實在可是又無一點端倪（朕）和可見的呈象。這是莊子獨有的愚惑，還是任何人都沒有解答呢？從這樣經驗造成的封限來看，要了解前文略陳的「參萬歲而一成純」的心靈境界如何可能？在這裡引出「生死」的討論，便是透過「生死」可能的多重象喻來暗示：作為「整全」的「道」所包含的「生死」的基本對比面向，若不能突破經驗的限界，又將如何觸會？〔註23〕在這種深掘的疑惑中，第三小節「生死」作為象喻，回應於瞿鵲子的兩重問題，關係可由下表見一輪廓：

一、道難知——｛ 生——可知（可知中有不可知）
死——不可知 ｝滑涽以對而成
妄生情辨（悅／惡）｝基本構成：對比

「予惡乎知」（造成原先自信之不穩定）

（是中有「彼」：是之基點未反省）

二、知難決——｛ 生——可知（是）
死——不可知（彼） ｝滑涽對之以成
妄生情辨（悅／惡）

「予惡乎知」

　　這張表是依據上文聖人體道的主題說下，解開其象喻的指義而排，表一

〔註22〕《莊子解》，頁27。
〔註23〕多重象喻是包含從實際生命變化的具體指涉，到其象徵的種種意義。

就第一重難度而排,表二則用以說明第二重難度。以下再使表/文相合作一解說。從對「生死」概義的考察到其象喻為「可知/不可知」,對應於上文而言是道必然下貫為宇宙事象,而吾人經驗本身和「道」的整全性格是相扞格的,即使我們自信以為「生命現存」的可知可把握可信任,都在莊子深掘生命的困惑中包含極深的「不可知」;而我們面對「生命」的心靈機制若如此有限,在這基點上還伴隨著對這半邊的所知的忻忻然,卻又「不自知」其或恐不當,長梧子只得用「予惡乎知」來問。這問話透過質疑提出反觀來撼動尋常知見的穩定性,這一撼動是為使更深的反觀能夠進行。首先問:「說生/惡死」都是建立在片面經驗中的「知覺/情辨」,怎知這裡沒有差謬呢?若說要「體道」,單由這簡單的「滑涽之知」的心靈機制與這凡常的情感浮動,果真有法子麼?以下以一實例具體說明——就「生命現存」而言,本就因時空的阻隔,而可有不同的感知經驗與情感浮動——麗之姬。「生死」是一更大的時空阻隔,而且「死」的不可知更非「生命現存」的尋常經驗可以感知,那麼難道不該回頭反觀面對「知/情」的作用與內容嗎?章太炎釋:「予惡知夫死者,不悔其始之蘄生乎?」時說:

此非以死為得所,特矯說生之義。〔註24〕

此釋甚佳。因「惡死」是由「說生」帶出,「說生」又由生命現存而來的種種生命現象的能感受覺知以及持續發展,由「矯說生」使「可有所知/知有所確定/確定而為可持/持而心悅」的串聯心理一併顛覆。以上略解第一重。以下說夢覺,第二重難度見後。

第三節　正解夢、覺

　　夢覺與前節所論「生死」象喻本在同一小節,但因夢覺尤為本論文主題,故宜另闢一節專論,以清眉目。而且「生死」「夢覺」看似相近象喻,其間仍大有別。因此,要進一步討論夢覺,首出的問題應是:由「予惡乎知夫死者,不悔其始之蘄生乎?」來看,是否「生夢死覺」比配?若是,便無須費力疏解。但是不然。麗之姬是一重要橋引。橋引不只是過渡,而是通過此而後能銜接前後文。前面提過「生死」表更大的時空阻隔,這阻隔使一般的「生命現存」感知的經驗永遠只是片面。但麗之姬實例中的時空阻隔卻是可以統合

〔註24〕《齊物論釋定本》,頁 104。

於一「生命現存」之下，也就是經驗中畢竟仍有足以貫穿於類似的雙向經驗之中而加以統觀的，由此進一步帶出「夢覺」——「生命現存」的另一兩面構造，難度在「生／死」中建立，妄知妄情在「生／死」一節中搖晃，此處則試圖戳破此難度並達到某種「知」——只是試圖。這樣粗略一解便知段首的比配設問不成立。

　　夢飲酒者……其名爲弔詭。

這段文字約可再分成三層次。以下隨解文而說明。

　　首四句在表明「夢旦」之間的變易無定，事件情感的順逆悲喜都無定。這裡是還承接著悅生惡死的生死象喻的意思和麗之姬的例子來的，「生命現存」作爲變易感知背後的統一體，但是這統一體是否已足以了解道？或已即是道？這個「生命現存」跨過隔絕並未超越於整個「變易感知」經驗之上而統一，只是作爲種種變易感知的一共同作用場景，因此應說只是消極的——因爲他必然的隨境而變，被動地變——飲酒「故」喜，醒來發現是夢而泣，或反遇到傷心事「而」泣；夢到傷心事而「泣」，醒來方才高高興興去打獵。夢時不知是夢，醒後又不知將夢到什麼。因此接下來的「方其夢也，不知其夢也；夢之中又占其夢焉，覺而後知其夢也」便對這樣初步的消極統一性作觀照與反省，雖是統觀兩面構造，可是仍然是「妄知妄情」交作，「夢」的「無知」並未改善，「夢之中又占其夢焉」喻「眾人役役」喻「說生惡死」等。計度與情感浮動。在這兒需要一參考點，使「不知」變爲「可知」，所以說「覺而後知其夢也」。但經驗性的參考點只能造就消極的統一體，因此需再往上推一層。以上是第一層次。

　　「且有大覺而後知此其大夢也」，這是第二層次，走向積極統一體的建立。怎麼說呢？「夢／覺」的意義在此已稍變。「夢」是統涵經驗性的生命現存爲一觀照的參考點。則「生／死」雖然隔絕難知，但若能屏去經驗性感知的局限，建立超越性的參考點，便能觸會於「道」。而平素沾沾自喜於「所知」，而避遠於「不知」的妄生情辨亦自然可以隨消。至此，第二層次說畢，進入第三層次之前，我們要問：畢竟這超越性的參考點是什麼？如何立法？如何達到我們「觸會」道的有效性？後一個問題較好答，這超越性的參考點已經超出經驗性範域，並且具有積極統一性，這兩點可以與「道」的非經驗性範域和統一性相符。這樣回看，那這超越性參考點必是「道」本身，由道的整全性而言，參考點除相符外，又必與之相合，不相合便不足以爲參考點。那

關鍵只在「如何立法」？亦即如何超於經驗的消極片面而建立積極整全的統一性？我們回到《莊子》本文。莊子能就著「夢覺」來談，此中即透露參考點立法的消息。「參考點」在於「深觀」經驗的全面性構造。「深觀」是就著經驗的限制而超越。以「深觀」建立參考點，「深觀」本身即是超越而具積極統一性，但並不意味脫離所有經驗。「深觀」也意味著，「生命現存」在作為一經驗性的消極統一體之外，尚具有積極統一體的超越可能。但我們只說這積極的統一體建立於「道」，或有未足之處。進一步說，這「道」即聖人心靈的境界而言，這一心靈境界指什麼呢？莊子除「大覺」之外，有無其他的觀念？在人的心靈層次中，何種境界足以當此「積極統一體的觀照點」？我想以同篇中的「滑疑之耀」來說明。這一說明，可相應於「大覺」本身，更可對下文的承接作一清晰的照明。

> 若是而可謂成乎？雖我亦成也。若是而不可謂成乎？物與我無成
> 也。是故滑疑之耀，聖人之所圖也。為是不用而寓諸庸，是之謂以
> 明。

「滑疑之耀」和「所圖」二語有兩種表面上截然相反的詮釋。〔註25〕在此採用「正面的詮釋」──「滑亂不定，疑而不決，恍惚之中，有其真明。」〔註26〕但這裡「正面」與「反面」的詮釋有一根本的不同，在於「正面」不是與「反面」相對立的「正」，而是不以反面為「絕對反面」的「正」，王敔的注是極好的例子。反面詮釋以滑疑之耀為「炫聰巧辨之智」而謀去之。正面詮釋則主張「滑疑之耀」是「光而不耀」，光故有「明」，而不耀故不昭彰，是對「有成無成」的截然分野的捨棄，而建立一種新的觀點，根本捨棄分「成／無成」的用思方式，以至於一切對分的一邊觀察點。從這觀點說「為是不用而寓諸庸，是之謂以明。」「庸也者，用也」有日用常行之義。我們說「積極統一體」所表的心靈境界即「寓諸庸」的「滑疑之耀」。對「夢／覺」的二分捨棄，並且不是自

〔註25〕正面詮釋有王夫之：「夫滑疑之耀者，以天明照天均，恍兮惚兮，無可成之心以為己信，昏昏然其滑也，汎汎然其疑也，而徧照之明耀於六合矣。」張默生《新釋》以為即葆光（頁56）。宣穎《經解》以為不明中有明，聖人之所尚（頁67）。

反面詮釋如王先謙《集解》：「雖亂道，而足以眩耀世人，故曰滑疑之耀，聖人必謀去之。」（頁12）蔣錫昌：「……『滑疑』即指辨者之說而言，謂其說足以使人之心亂與疑也。……圖借作畵，說文：『畵也。』『畵』即愛濇，省畵之義。」（《今譯》引，頁78）

〔註26〕《莊子解》，頁21。

經驗中脫離而是超越且回到日用常行之間。

　　「深觀」本身的進一步演用在第三層次鋪展。二至三層次間的隱藏式思考點是：「『以大覺解大夢』如此便是觸會於道了嗎？」而你看：愚人也自認為「覺」，「君乎牧乎」高下尊卑軒輊分得清清楚楚啊！我們分出大覺大夢是否又成了對道的分割？辛辛苦苦自經驗性平列的對立之中超拔出來，卻又建立了超越式立體的對立，參考點的建立符合道的特性，但參考點和其觀照對象的關係是像「夢／覺」這樣分得清清楚楚嗎？「丘也與汝皆夢也，予謂汝夢亦夢也」。這話初看頗不當理，不說「且有大覺而後知此其大夢也」嗎？知夢者為覺，為何結語夢者為夢，知夢者亦為夢？章太炎釋此說：

　　　　然長梧所說亦非親證實相之談，故必俟大聖於萬世，庶知其解。
〔註27〕

是嗎？以「夢」為結，與「萬世而一遇大聖」之間的理脈不當是這樣，觀下解自明。而我們從「而愚者自以為覺」處探問下來，個人的讀法是愚者其愚在「自以為」「覺」而「竊竊然知之」上，如果僅說「且有大覺而後知此其大夢也」，便和愚者分君分牧相同了。（按：一般解此段，是以「大覺」判世間愚人分君牧貴賤而固陋，如《纂箋》引劉辰翁說。）因此，以參考點回看丘、瞿鵲子、長梧子，前兩人在「不知」中妄計孟浪之言、妙道之行，實皆不足以知之。所以是夢。難解在長梧子「予謂女夢亦夢也」，而精采概也在此。

　　當長梧子說「予謂女夢亦夢也」時，很明顯是就參考點本身說的，亦即：雖建立一大覺可說「丘也與女皆夢也」，但就「大覺」這一參考點而言亦還如一夢，故說「予謂女夢亦夢也」。在這句意解析的背後，理論的指向是什麼？

　　由聖人心靈的「深觀」而建立大覺的積極性統一體，這「深觀」的心本身應仍如「愚芚」一般的渾然無知；但在比喻中我們說夢說覺本是為了達到「生死夢覺」這種經驗區隔之上的統一，而比喻「大覺／大夢」卻造成另一種分裂，這種分裂對「無知心」「大覺」的「實際本相」而言又造成乖離。細究之，這種分裂原是語言使用中「必然」如此。包括「道」「聖人之心」「統一」等對本體界事物的謂詞，都必然隱藏著「非道」「眾人之心」「分裂」的概念與之對立，而造成本體界謂語本身的矛盾。〔註28〕因此「深觀的無知心」

〔註27〕《齊物論釋定本》，頁105。
〔註28〕本體界謂詞極易引起誤解，如性善之善，亦非尋常意義中與惡相對之善，在
　　　　《莊子》中，道──如文中所說──本無差別相，而為渾合者。但說合即有

在「大覺／大夢」的分設中立刻覺察語言造成的分割與「大覺」本相的乖離，因此以「予謂女夢亦夢也」的語言使用使「大覺／大夢」在兩個意義下化開：

（1）第一層的可能，只是就長梧子的「妄言」面對瞿鵲子「大早計」的特殊性格，使瞿鵲子明白「大覺」並不在長梧子的「妄言」之中。「予謂女夢亦夢也」正好用以喚醒瞿鵲子自以為是的「覺」，知道大覺還待一番長遠的工夫。

（2）以夢代大覺，在「代換」中，化解大覺在象喻中造成的夢覺對立。但是「以指喻指之非指，不若以非指喻指之非指」，為何必以「夢」來代換「大覺」？這恐不只是為了行文的弔詭而然。試去考量「夢」可能象喻的意義，便不再是「不可知」（第一小節）或是「消極性統一體的平列『覺知』」（第二小節「大夢」），而是虛幻的，無實在性的。亦即：言說中安設「大覺」似是妙善而可依循，但對實際心境的大覺體道而言，本無「生／死」「夢／覺」的對立相狀，只能是一道的渾合，所以「大覺」仍還如一夢。通過語言上的代換，而達到「大覺」作為純設想的境況的化融，並帶出語義固實性的限制，而回到對「無知心」「愚芚」的更完美指示。

第四節　小　結

以上透過《莊子》象喻的剝檢，初步而生硬將「生死夢覺」所關聯的主題與其本身相配屬的關係，以及涉及的理論作一詮釋。這兒可作一小結，並對下兩段作一簡單的說明。若以最後結夢一字所表的觀念為準，回看這裡夢字意義在文脈中發展迭變的歷程，可得以下的說明。

1、在「夢 3」的觀念裡，夢代表滑疑之耀——對「大覺／大夢」在深觀中的性質作特殊的表白，這是就體道之心的無知狀態而言；在這狀態中的「所謂對象」——「丘與女的以為孟浪妙道」是缺乏實在性的，而對這狀態而言，說「缺乏實在性」以及「顯出此說之狀態內容的言說」二者也都缺乏實在性，則夢作一觀念表詮的心靈境界來說，暫用「虛靈之心」權稱之。

2、在「夢 2」所表的「大夢」是對我們日常生活所感知「生命現存」的「我」的觀照下的謂名——表出其為「夢」——消極性的統一體。亦同時指出在尋常的意識作用層面，與道仍舊有間隔；如「夢／覺」中的間隔一般。

分：說無差別，又與差別有差別，此為語言的難題。

3、在「夢1」的經驗夢中所表示的是更片面的經驗之知，「方其夢也，不知其夢也，夢之中又占其夢焉」，真切地感受這一層便覺可悲可哀，粉碎「眾人役役」裡辛辛苦苦的經營擘畫的「一切有成」——只要缺乏深遠的觀照！

4、由第1點觀照2、3兩點並回顧「生死」，我們可說長梧子這兒正要使我們脫離妄分的「可知／不可知」「是／彼」等隔絕的名相與經驗而復歸到「夢覺」同位的心靈境況——同位作為象喻表示其整全，以覺等同於夢，表示夢不是昏昧中的妄計妄情；以夢含融著覺，表示覺不只是更高一層的「分割法」，而未脫離所批評「妄計妄情」的同樣陷阱。

瞿鵲子的問話，我們說有兩重意思，前文依第一部份詮釋第一重意思——聖人的生命特徵，而歸結於聖人的種種心靈境界及這心靈境界即「道」的意思；在第一部份可略分兩段，前段說聖人心靈境界的諸特性：心量與宇宙俱一體而無窮；心的層次是以受天合於自然的「愚芚無知」，而非不定的知；心靈的境界狀態是「體用相即，一多相容」。後段則由上面境界說下，就生死夢覺等生命現存可感知的範圍如何體道，建立觸會道的方式，以及心境的實際發用。以下的第二部份是解「三人成眾間真理如何判定」？因與「夢覺」觀念相關，所以不可閒置。但也不再出現「夢覺」，因此不需細細逐文解說。

透過辯論來說明真理參考點建立之艱難，以及純以「同異是非」作為辯論的基點，則人與人之間的相通相知便成一「夢」——不可能。因著有「同異是非」而有「辯論」，這兩者，又因吾人「方其夢也，不知其夢也，夢之中又占其夢焉」而起，帶出新問題：由知「道」進而論「知人與我」，順前文來統觀這一小節：若要避免經驗性隔絕造成「人／我」的不能相知，以至於普遍地人人不能於真理有所理會，便不能透過「平列」式的「參考點取擇」（第三者）以及平列式的分野（彼我是非）和辯論的形式。辯論作為對談中的一種方式，是雙方先各執一說以相辯，各執一說本身便是「大夢」——缺乏對「內容」與「理據」的觀照，如何能知我知人以進而知真理？此處相應於上面表二論知難決而言，即死生象喻的第二重難度，並順著「萬世之後，而一遇大聖，知其解者」云云的文脈而說。亦即就我一番弔詭之言，你若不能解，而欲與我對談論辯，則又有「彼我」不能相喻的問題。這和你與「夫子」之間有見解的歧異是一樣。死生懸隔，夢覺區別，總為一「大夢」，夢境未除，則「知」的是非永遠無定而難得一究竟的解決，即使尋找一參考點，也都會不斷衍生觀點上的限制和理解上

的異同。底下則進一步試答如何解決第二重難度。

由「辯論」的困境說「和之以天倪」。透過「化聲之相待，若其不相待」的觀照：解消辯論中，「彼／是」「是／非」的對立與爭執（相待），而還原成其「自身」：若其不相待。然後再和之以天倪。什麼是和之以天倪？「是不是，然不然」。這六字不是常言「泯是非」就可一語帶過。六字可簡化為「承認我們所不承認的，肯定我們所不肯定的」。然而這如何可能？就理論來說，固然可以廣度量接受異說而加以融合；但就實踐的場域就不可能。因此「天倪」指自然的分際，「和之以天倪」則指此際而不際的狀態。他人的「是」，我雖可以「不是」，但我不是真的「否定」，而僅是我們「不加取擇」而已。但若如此，那為我們「不是／不然」者，我們所以「是之／然之」之故又何在？故此「是不是，然不然」定是在特殊的意義下說。仍有彼此的分際，但此分際不構成「彼我的限隔」，吾人在實踐所不取擇者，仍可通透其所以立的觀點，並加以體會並承認，這便是「是不是，然不然」。〔註29〕換言之，並未取消雙方，但將雙方之劍拔弩張之勢，轉化為既獨立又融合之境。是以有此結語：「忘年忘義，振於無竟，故寓諸無竟」。再把「天倪、曼衍、窮年」等忘去，「寓諸無竟」：把短暫的生死限隔、是非區別都化入一無限的心境。這可回應前面「夢」的意義微現一點「虛靈」之義，並對第二部份的「真理參考點」如何建立作一「回答」。

這一大段以夢覺為主，粗略地為「聖人的生命特徵」作疏解，而集中在其「心靈境界」的各種特性上。由這裡可以看出莊子的「道」，即使如我們隨意定名的「遍在的宇宙原理」而言都是純就心靈層面而言——從「境界」本身到完成境界的心靈機能。

〔註29〕此意亦可參看潘柏世《東方文哲資料》第一冊。

第二章　眞人不夢與莊周夢蝶

第一節　並聯的理由與討論次第

這兩段文字乍看之下，一夢一不夢似乎形成有趣的對比與矛盾：

1、古之眞人，其寢不夢，其覺無憂。其食不甘，其息深深。〈大宗師〉

2、昔者莊周夢爲胡蝶。〈齊物論〉

雖然夢與不夢兩段文字，分屬不同主詞，似乎可說吾人所指的對比與矛盾根本不存在。但依於乍看的直覺，若我們更謹愼去設想中國思想著作的傳統性格：「以實踐驗證的心得、境界作爲著作內容，少作理智騰空的探索」時，這兩段文字確因莊子的現身說法而帶出理解上的難度。「古之眞人」難道不也是莊周足以體知之境嗎？那麼「莊周」貫穿在這兩篇文字之間，而成爲文字背後的統一者，我們如何同時面對兩個不同的境況？也就是說：如果只是夢爲蝴蝶的莊周，便不該知道「不夢」的境界，而在文字使其配屬於眞人；如果已是不夢的眞人，「莊周」又何以有夢？是否莊子曾夢爲蝴蝶，境界高了之後，成就了「其寢不夢」？或者另一種可能，莊子曾經是不夢的眞人，卻又退墮而悖反他修養的境界去夢爲蝴蝶？但若如此，則低階的夢蝶何以仍出現在文字中？更且，既用以總結〈齊物論〉大文之末，又怎能說僅是低階境界而已？若然，又似非高低階可以逕分兩段，似有特殊用意。抑或兩段確實有別，兩個夢字可能因取義的不同，一個是眞不夢，一個「夢」只是寓言、荒唐之言，而兩者之間根本無矛盾可說？抑或兩者無別，都不離眞人的境界，但夢爲蝴

蝶別具意義？甚至可並比而觀且富有深意？即使如此，不論有別無別，我們仍可問，兩者均是假說，究於何處得證？更且，「不夢」既是眞人境界，何以莊子仍以「夢」作爲荒唐之言的起點，這荒唐之言的「夢」是什麼意義？或者，眞人與莊周並不指涉同一人，同一境界，那二段亦各自獨立，而無衝突可說？……然而未深研之先，我們如何斷定以上試解何者爲是？不論我們如何追問下去，都只是更加說明這兩段文字可並聯討論！反而無法透過我們對這兩段文字的成見，驟然否定二者之間可能的關係而解消問題。

但是我們如何著手探討呢？我們前面發出諸多正面、反面疑問，都是基於我們徒將兩段文字並列比對，其間問題又相互糾結，彼此牽扯，而未能詳其底蘊。因此宜先分別都理，使其中一節意義曉暢，再交互比觀，庶幾得其確解。是以本章擬先自「不夢」入手，尋找「不夢」的解釋與意義，作爲參考的定點，再回頭看夢蝶一段。之所以選擇「古之眞人，其寢不夢」一段作基點，是因爲它在〈大宗師〉的開頭，很明確地是在說眞人的境界，較「夢蝶」一段意旨顯豁，對這一段的說明便足以做爲確定的起點，據以解釋夢蝶較不旁生枝節。〔註1〕

再者，關於「其寢不夢」這個基點，因爲「不夢」是相對「有夢」而言，因此，我們得去看看夢是什麼──如何生成，具何性質，而後才能對「不夢」有一說明了解。對「夢」的考索，我的根據是《莊子》本文和王夫之《莊子解》中的注，〔註2〕至於西方近代的研究，我們只準備作一討論的起點，而不援引作爲考索的架構或者比較的對象，主要是希望能獨立而清楚地呈現莊子的看法，其次是不希望問題蕪雜而流失討論核心。

第二節　眞人與不夢──夢的生成與寂滅

我們前面提過〈大宗師〉裡的幾句話，在原文的上下文中，是先說知至，知之盛，接著說「且有眞人而後有眞知」，而引出一大段不斷以「古之眞人，……是之謂眞人」的小節聯絡的文章。在這裡的「知」，有特別的內容：天人之際，

〔註1〕 這是個人的閱讀和詮釋次第如此，並不排除以「夢蝶」爲先的詮釋次第，也不排除其他可能的讀法。

〔註2〕 特別標明以王夫之《莊子解》注文爲根據，是因所參閱的諸家注中，獨以王注和章太炎《齊物論釋定本》，於夢較詳，王注於「夢」的生成解說尤精，故順其說。

「知天之所為，知人之所為者，至矣」；而只有在真正實踐地修養中，才可能對此天人之際之知有確實的了悟：真知。所以接下來，便把什麼樣才可稱做真人的條件與表現作一番描述。

　　在這一大段描述中，我們只準備討論包含前面提過的幾句話的小節，至於其他小節，只供必要時參佐之用，而不列入正式的討論。

　　　　古之真人，其寢不夢，其覺無憂。其食不甘，其息深深。真人之息
　　　　以踵，眾人之息以喉。屈服者，其嗌言若哇，其耆欲深者，其天機
　　　　淺。古之真人……

這是前引幾句話所在的小節全文，底下又是另一個「古之真人」的開始。在這一小節中，我們可以發現有個議論的核心：真人的生理活動的樣態。（按：這樣說並不意味這段話只說及生理活動，只是說觀察與記述的「出發」是生理活動）寢寐食息，都是我們最切身且無可避免的生理需求，但真人在這些活動上的表現卻與眾人迥異。迥異之處並不只在「息之以踵←→息之以喉」的活動形式上改弦易轍，更在活動中精神的殊勝。因此最末一句他說：「其耆欲深者，其天機淺。」在生理活動上，真人透過另一種方式來表現，既是調理「生理」，而且使「天機」不閉塞。而眾人把生理活動前推而順縱為「耆欲」的渴望，身體的滿足恰是精神的枯竭，這裡指涉的「身心」關係頗為緊要。而指涉精神時，又不是只用籠統的狀態描述詞，而是確切地約定精神活動的內容如何，這可由兩段話並列明顯地比對出來：

　　　　泰氏其臥徐徐，其覺于于，一以己為馬，一以己為牛，其知情信，
　　　　其德甚真，而未始入于非人。〈應帝王〉

　　　　古之真人，其寢不夢，其覺無憂。〈大宗師〉

〈應帝王〉篇的泰氏是用來和有虞氏做一明顯對照，而為一「與天道不期而合」（按：唐順之注）的修道者的代稱。對泰氏覺臥的狀態，我們只能透過對「徐徐、于于」的解釋和體會作不確定的感受；但我們去看〈大宗師〉中的真人時，我們可較具體地把握到他的活動內容。當我們就此仔細去觀察莊子如何記述真人的屬性時，他特別指出四件事：

　　　　其寢不夢
　　　　其覺無憂
　　　　其食不甘
　　　　其息深深

這種描述有一點和下定義很相似。當我們為一物定義時，必然從它異於其他物的特性上著眼，這個特性足以顯出它之所以為此物而不為彼物的原因。比如：

> 人是理性的動物。

> 人之所以異於禽獸者幾希！君子存之，庶民去之。（《孟子》〈離婁〉下）

孟子這一段話本不是在下定義，但有人持以為下定義的例子用，說明下定義當由「異」處來說；而君子之所以為君子，小人之所以為小人，正相異在「去──存」上。「人」自是一種動物，而人之所以為人，在西方傳統中認為是他獨能運用「理性」。因此莊子在記述真人的屬性時，就必然是他獨具的特徵了。「以獨具的特徵記述一物的屬性」只是記述的形式條件，莊子又用什麼來規定內容呢？便是用上述四件事。若結合著我們說過的，在此莊子沒有只用籠統的狀態描述詞，那這四項活動便有特別的意義──在眾人與真人的相異對比之上，有很特別的重要性。在此為免討論的擴大，我們只用古之真人下三句，因為他們句法類似，都用否定句法表示，我們可以得出一個比較統一的結果。

先從「其食不甘」說起，一方面說這句話的意思，一方試探「不」所可能的幾重意義。

1. 「不」作為「存在上的缺乏」，即「沒有」。
   →食物中不加甘味；或不知有「甘」味存在。

2、「不」作為「意義上的否決」
   →不認為「甘」為佳味。

3、「不」作為「意義上的寬限」，即「不止是」。
   →不止以甘為是，以他味為非，能兼嘗眾味。

4、「不」作為「意義上的商略」，即「既不是否定，也沒有肯定。」
   →不以「甘」為所求而拘鎖意念；或
   →不以「甘」為「可甘」而不耽滯心思留戀。

在這些意義中，以最後一義為最深，也就是成玄英疏的「不耽滋味」，這不是掩耳盜鈴地在存在上隔絕，也不憤顯對立地否定，又不只是偽作兼容，而是既不是此非彼，也不固著在時間中的一點上的「甘」而忽略了時間延展中的「甘」及其他種種；在此由不妄分彼此，也不硬生是非，不使意識膠著而固

陷，便隱約透出莊子筆下的真人在精神上有相當程度的自由。這種自由我們若扣住「不耽滋味」來說，是仍舊反應著外界情況：「滋味」，精神又很技巧地在反應中不突出好惡分別的念頭，既無好惡分別，自然也不會停滯與沾戀，那精神的自由便預留了相當的可能性。

我們再看「其覺無憂」。我們自然可以順著解說「其食不甘」的最勝義的方式，來說「其覺無憂」是：有憂但不復以憂累心，「無」作為意義上的商略。但這個解說對我們的理解並沒有太大的啟發。況且「憂」較「甘」主觀性更強些：有些事使庸人憂，幹力強的人卻安之若素，處理無礙；甚或可如杞人憂天那般憑空而起，只成為心頭上的罣慮，因此「無憂」如果解釋成「脫累淨盡」，根本無可憂者，並且異於天真的「無憂」的存在上的缺乏和不止是「憂」的否定時，是否又勝過前一解釋呢？我們試著再看「其寢不夢」，看是否能併看「寢——覺」，而有一較好的解釋。

首先，我們借用西方近代的研究來說夢的一般性質，作為以下討論的開始：

1、每個人睡眠都會作夢，只是有的人記得，有的人忘記。

2、夢就其本質來說，是我們在睡眠狀態下，各種心理活動的有意義與重要的表現。

3、而睡眠和醒覺間的差異，在於存在狀態的不同——即兩種活動對人心理活的不同影響。我們的思考方式，因參與的活動而有差別——睡眠和清醒的生物在生理和心理作用上的不同，比許多行動間的不同更為基本。

4、睡眠的狀態有曖昧的作用。在睡眠的時候，由於我們和外界文化不再接觸，因而使我們最邪惡及最美好的天性表露無遺。我們會比在清醒生活時所表現的，更加優秀及更聰慧。〔註3〕

接下來，我們試著依《莊子》本文和王夫之的注，說明人的心靈活動的結構和夢的形成。以及「不夢」的意義。

　　其寐也魂交，其覺也形開。〈齊物論〉

　　王注：形寐而魂合，形動而魂馳。〔註4〕

「其」字究竟何所指，向來沒有確解，在此我們設想是指「一般人」。我們可以注意到《莊子》在兩句中，上句說魂，下句只說形；在王注中卻變成以「形

〔註3〕　見佛洛姆《夢的精神分析》，頁 11、31、32、41。
〔註4〕　《莊子解》，頁 13。

△──魂○」的架構解莊，兩句合看而後各句句義完足。由「而」的轉接來看，這兩句是說：「魂」的合馳因於「形」的寐動。也就是「形」在兩種不同狀態中，影響了「魂」的活動方式的差異。這也就是佛洛姆（E. Fromm）所說的：睡和醒是兩種最基本的存在狀態，在這兩種狀態中，生理與心理的作用都各不相同。不同在什麼地方呢？《莊子》對何謂「魂交」在〈齊物論〉中並沒有進一步的描述，不過在形開之下，卻接著說：

　　　　與接爲搆，日以心鬥……

　　　　王注：形一開，而所接之境或次或取，以相搆結。〔註5〕

形開醒覺中的經驗，是面對一個外在世界：「所接之境」，人和它構結的方式是或拒斥、或接受：「或攻或取」。在攻取之間，又衍生種種型態的情緒反應和心理作用：「日以心鬥」。在這短短幾字之中，《莊子》已經對人在日間清醒時的生理、心理活動的形式作了很詳細的描述，這是「形動而魂馳」，那什麼是「形寐而魂合」呢？魂合是謂魂的自閉，還是與他物相合呢？「合」之後又起什麼作用呢？在《莊子解》「古之眞人，其寢不夢……其耆欲深者，其天機淺」後注曰：

　　　　夢者，神交于魂而忽現爲影，耳目聞見徜徉不定之境，未忘其形象
　　　　而幻成之。

　　　　返其眞知者，天光內照而見聞忘其已迹，則氣斂心虛而夢不起。〔註6〕

大多數注本：錢穆先生《纂箋》，王叔岷先生《校詮》，陳鼓應《今譯》，張默生《新釋》，都未對「不夢」作進一步的闡釋，只有王夫之言之特詳，可見王夫之對「不夢」的意義意識較深。

　　在此，我們面臨了一個衝突點，以西方學界對夢的研究是：「每個人睡眠都會作夢，只是有記與不記。」但此處由王夫之的注來看，明明是根本的無夢了：「夢不起」。那「不夢」不止是夢而不記，而是根本上地解消了作夢的因素和根由。我們以下將依《莊子》本文和王夫之注說明：

　　1、夢的形成
　　2、夢的寂滅及其意義

1、夢的形成

　　依王夫之的注，夢是因爲「神交于魂」而起，則是〈齊物論〉中的「魂

─────────────

〔註5〕《莊子解》，頁14。
〔註6〕《莊子解》，頁58

交」的可能一義便是「交于神」。但是「神」與「魂」在《莊子》中各是什麼意思？我們雖對「魂馳」有過粗略的描述，但仍未說明莊子所理解人整個心靈活動的結構爲何。

> 方今之時，臣以神遇而不以目視，官知止而神欲行。〈養生主〉
>
> 無聽之以耳，而聽之以心；無聽之以心，而聽之以氣。……夫徇耳
>
> 目內通，而外於心知，鬼神將來舍，而況於人乎？〈人間世〉

這兩段，莊子都在申明一個人面對外界的理想方式，他把人心面對外界的運作結構大概分作三層：

（1）透過感官的接觸，如目視、耳聽，擴大言之，是眼、耳、鼻、舌、身的作用而有的認知，相應於這些感官的作用，在人的心靈有「魂」的開馳。這和佛教中的五根和五識是相當接近的，五根所得之於外界的材料皆各不相同，眼得其線條、顏色、塊面，耳得其聲音的噪悅大小，……在人的心靈各有相應的「覺知」而成「眼識」、「耳識」……等。前者便是「官」，是就器官的各司其職而作用來說；後者是「官知」，是就人心靈中會隨著五根的作用，而有相應的覺知。

（2）第二層是「心」，然這仍是「形動而魂馳」的一個部份，如果以圖形表示，便如下圖：

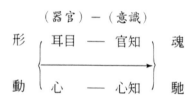

「心」並不直接面對外界，這裡所指的，主要是依「官知」而起的一些作用，這是圖的不明確處。「心」在《莊子》也不全屬「魂」，此處只就其屬於「魂馳」的部份說明它的幾個作用：

> 與接爲搆，日以心鬥：縵者，窖者，密者。小恐惴惴，大恐縵縵。
>
> 其發若機栝，其司是非之謂也。其留如詛盟，其守勝之謂也。……
>
> 喜怒哀樂，慮歎變慹，姚佚啓態。〈齊物論〉

1、情緒作用：小恐、大恐、喜怒哀樂、慮歎變慹都是。這近乎五蘊中的「受」，對感受的苦樂而言。

2、執持作用：有所知見感受，便自珍惜，執持不捨，深入心田：「縵者，

窘者，密者。」

3、分別作用：依此深藏的知見，一方自護自安：「其守勝之謂也」；一方興議傷人：「其司是非之謂也。」除了分別人我，一切差別相也都依此而立。

（3）第三層是「神」。神的作用最為奇特，我們依其字本義來看，是指超越界具不可思議力量的人格物：我們援引以指稱其他物時，也往往著重在他作用功能上的不可思議性，和不可以感覺認知的無方無形的特性上。但要發揮它真正的作用，卻必須有相當的條件配合才行。在〈養生主〉「官知止而神欲行」，〈逍遙遊〉「其神凝」，均見神人之所以為神人之處；神欲行是庖丁之所以解牛十九歲刀猶新銳的緣故，而神要「凝」而後有作用「行」，須「官知止」。官知止並非「形寐」的止，而是在形開之際的「止」；由此見「神」無時不起作用，但若受到耳目、心知的干擾，便像王敔所說「魂交形開，魂形交敵，而神不凝焉」了。〔註7〕

但此處尚有一個疑點，那「無聽之以心，而聽之以氣」的「氣」又該如何理解呢？依前面兩層說下來，第三層應屬氣，現在以第三層屬神；那氣是否在第四層呢？依個人看法，氣仍是第三層，而神依之以動。但再細想耳目是感官功能方面，心是意識方面，也在否定之列，無聽之以耳之後，為何不直接聽之以氣呢？氣又如何聽呢？而且「由耳到心」己內歸到精神層面，如果氣我們理解成最簡單的氣息（呼吸），「而聽之以氣」是否又降回純生理層面？因此必得說明兩點：一、氣可能是什麼？二、氣與神的關係如何？「氣」當屬於一種「精神能量」，即不是純物質與純生理的。而且我們仔細回看〈大宗師〉裡「其寢不夢……其息深深，真人之息以踵。」一段，莊子如何縝密地把「氣」安排在這兒（案：「氣」與「息」有關，但不全然相等，息需經鍛鍊方成氣），又總結地說「其耆欲深者，其天機淺」，王夫之注：「心隨氣以升降，氣歸于踵，則心不浮動。」（《解》頁57）在「身／心」結構中，「心／氣／天機」相互關聯而起作用，「心——氣」之間是相動的，心可動氣，氣亦可動心，心可調氣，氣亦可調心。心可調氣，在心有一止歇之意，使氣隨此意而降，氣之趨向沈穩可由心的意欲使然，然其沈穩又非心所能控制，若心能控制，則心亦不需住氣控氣，但需心求其水平衡定便可，氣自能隨從。正以氣之深沈較心更基本，所以非心所能「用力」伏制，氣之自沈自定而後心才

〔註7〕《莊子解》，頁13。

完全鬆靜，這時浮現純爲氣鍛鍊之後的精神狀態，便是神。氣的沈靜與否淺深便是「神凝」的與否淺深，天機深淺亦由此決定。因此在心齋中的否定感官（耳）和心的作用之後，便是氣不受干擾而得充分深沈自由的時分，在此時分中氣虛而能集道，鬼神來舍，豈不是「神凝」嗎？

以上解說過莊子以爲的人精神的活動結構與方式，我們再回頭看王夫之的注。夢是無時不作用的神，在睡寐之時，和日間攝受種種經驗的「魂」，整個在精神之內發生作用，而暫時播映虛幻的影像，這些影像從那裡來呢？是因日間魂所相應的耳目知見的種種經驗，滯留徘徊，繚繞抑揚，而不實地構結出來的。這樣便可以回答前面幾個關於「魂交」的問題了：魂交是指神與魂交合，而產生夢境便是魂交的作用了。

我們被逼回了衝突點！依我們「眾人」的經驗，誰能不依耳目心知過日子？既然如此，那夢便是必然地發生，因爲「神」又是不中止其作用的，即使在睡眠當中。但是莊子的眞人顯然不是這樣。莊子的眞人不作夢，我們得進一步探討夢的寂滅和寂滅有何意義。

2、夢的寂滅及其意義

由王夫之的注來看，夢與不夢的關鍵在聞見之迹的「不忘←→忘」上。「不忘」是因於「魂」本就有覆藏執持的作用，那麼「忘」又如何可能？「忘」又是什麼意思呢？

我們知道「忘」與「不忘」都是就我們清醒時的「耳目聞見」來說，那相對於「不忘」，「忘」便是莊子的眞人獨特的精神運作方式，「忘」是「氣斂心虛」，那什麼是氣斂心虛呢？這便是我們提到過的理想方式：「心齋」。

> 若一志，無聽之以耳，而聽之以心；無聽之以心，而聽之以氣。耳止于聽，心止于符。氣也者，虛而待物者也。唯道集虛，虛者，心齋也。〈人間世〉

> 無爲名尸，無爲謀府，無爲事任，無爲知主。體盡無窮而遊無朕，盡其所受乎天而無見得，亦虛而已。至人之用心若鏡：不將不迎，應而不藏，故能勝物而不傷。〈應帝王〉

上引兩段文字都各有一個「虛」字，意義略有不同。第二個虛字大約有二義：（一）空卻名、謀、事、知，作一動詞。（二）由此動作而顯一自體虛空的狀態，而能得以復合天道，卻又不以此復合爲有所得；並由此得以依於天的無

窮而得絕對的自由：「遊無朕」

　　第一個「虛」字，就氣的本然且相對於耳、心為最勝的功能與狀態來說，它的作用是不起作用，只是「待物」而已。此待並非「彼且惡乎待哉」的相倚互依之義，而是純粹的讓在。只有虛，才是道之所集；所謂道之所集，便是物作為虛之所待，而純然地呈現自身，故爾物不傷人，人亦不傷物，不是由耳目而止于聞見，亦不由心而止于符合，由於氣虛而使此「盡其所受乎天」，並且不互相介入干預：「無見得」。由此說運用精神最理想方式或態度便是：若鏡。「不將不迎」，一方說精神收斂它有所偏側的方向與作用，一方顯示它自身為一毫無端倪的自立自由狀態；「應」是無法避免的，但相應之後，卻又有種種法門可修，在此莊子的主張是「不藏」，一切光影聲息仍且為光影聲息出現，亦復如其光影聲息的短暫而流逝，如此一方與物一同縱浪起伏，不前戀，不後豫，一方中能虛而使物皆以其自然的樣態呈現，兩相以合於天的樣態相待，則彼此不相傷戮。再綜觀這兩者，一切現象都呈現它所受於天的自然的本於道的相狀，那便不只是單純的生滅現象而已；人的精神對現象，而和它一同起伏，一方是肯定一切，一方又放開一切，既肯定又放任，由此見精神的自由。

　　那氣斂心虛的精神自由與「忘」有什麼關係呢？我們再回頭看作為氣斂心虛的喻象：用心若鏡。鏡子具有許多特點：（一）自體清淨，（二）物來則應，應必如實，（三）物去則失，沒有隱覆，（四）不因物變作種種枝蔓，如人的感受、思想……等。清醒時，人的精神就以此方式運作，神的作用依舊貫穿到耳目聞見中，卻使耳目聞見消失它原本固守護蔽的作用，雖能應迹卻又迹迹皆忘，迹迹皆忘又非逐一而拋一，顛倒於生滅之中，而是解消執持、分別、困惱……等拘束，而朗現神的作用的極純粹清明。既然「忘其己迹」，「魂」便如「鏡」，當它與神交合時，神既清明，於魂也無所取材，自然沒有任何知見、情緒……等殘餘作為夢的種子。而且，我們也可以由此回看「其覺無憂」的問題。此處的憂，當指一身之事，而非「君子有終身之憂」或「慈悲」這樣的偉大情操，是對昔日過失的懊憾，現在事務的操煩和未來茫茫的耽慮。在此稍一回顧「其食不甘」，若以其食有甘，便有所不甘，有甘則耽嗜，不甘則悲惱，這便是一種「憂」，這是就本文一些相射映處。而且「有憂」便見意識狀態中如有「塵垢」般不爽朗清淨，不論大小都是疙瘩。但是當一切物事都不在人的精神中存藏時，一切對物事而起的可能的情緒反應，也一併

因「魂」的作用質性的改變而不起。「無憂」和「不夢」成了同一精神作用的不同時分的活動內容，背後貫穿著一個莊子的精神作用的理想方式。

那麼，「不夢」和「無憂」的勝義，便該解爲「存在上的缺乏」，但不是麻木不仁的那種捨棄後的缺乏，而是一種高度的精神狀態下的結果，那「不夢」究竟有何意義呢？我們得從「夢」的性質說起。

當我們說夢的形成時，只是很簡單地依著王夫之的注做了初步的解釋：「『魂』保留了日間面對外界所產生的種種經驗，當形閉時，魂神關起門來起了一種延續日間經驗的作用，便是夢。」夢只是這樣的作用而已嗎？那麼「不夢」也不過成了另一種可能的作用而已，成爲眞人的屬性也不是什麼重要希奇的事了。而且若依前述佛洛姆對夢的性質的意見：「夢就其本質來說，是……各種心理活動的有意義與重要的表現」。而佛洛伊德（S. Freud）以之爲「願望的達成」；容格（C. Jung）以之爲「潛意識智慧的表現」；而且潛意識的心靈可以被假設爲「含有智慧及目的，而且比實際的意識洞識力更優越。」〔註8〕夢何等重要！沒有夢，人類根本無法自我了解——潛意識的智慧無法充分發揮。顯然的，莊子對「夢」的構成以及心靈的諸層面的全體看法都與西方人迥異，西方人未必不是，而莊子的特異亦值珍視。因此我們得進一步在莊子中由夢的作用考慮它的性質，才能發現「不夢」的重要性。

(1) 拘礙性：王敔增注：「魂交形開，魂形交敝，而神不凝焉。」神作爲人心靈結構的中樞來說，本當保持它的「神性」：無方所和不可思議。但受到官知、心知的交攻互侵，本身不能凝斂任運，這是夢所表現的拘礙性。

(2) 蕩馳性：神不凝斂，便不純粹：既不純粹，必有駁雜；駁雜所生，人變成「行盡如馳」，不只白日得「與接爲搆，日以心鬥」，夜中依舊得紛紛擾擾於聞見之中，「神」便因此疲役不堪，無一刻安寧，是夢所徵的蕩馳性。

(3) 幻成性：作爲日常聞見與情緒的延伸的「夢」，它的影像及內容，純是神與魂閉門構作，醒時一切都滅迹無形，這是夢的幻成性。

(4) 不可知性：就情緒的延伸來說，「夢」和白日的情緒與心理反應一般，都表現爲「慮歎變慹，姚佚啓態」的不定性，這種

不定，甚至並非我們白日所能覺知！必得透過「夢」中的變形（「事實」以另一種「事實」出現；或者以其他形象：虎、象、獅、……等）才能知道，這顯示人的自我的深密而不可知性。

（5）非自主性：「神」既失去它作為中樞的功能，而人官知、心知又複雜而不可知，都顯示了人自身的失控，「夢」也是表現這一不能自控的非自主性。

透過「夢」的這五種質性，我們再進一步看夢的寂滅的意義。「不夢」不僅是對於夢的五種性質的解消，它更顯出三重意義：

（1）精神運作的革命：若就我們一開始所引用的西方心理學界對夢的定義來看，我們只能完全就經驗事實來肯定「夢」的必然性，以至正當性和必要性。但這是「眾人」面對世界的方式與態度的一個結果，這結果可在另一種修養方式下解消，解消「夢」並否定它的必然性，必要性與正當性。這種修養方式是改變我們精神結構的一般方式，而聽任氣的收斂沈穩而虛空自己，神能純粹而且靈活地轉運。

（2）所對世界的滌新：經由精神運作的革命，則一個人——眞人——所了解的世界也完全改觀。在原先的運作結構，世界的攝入經過選擇、辨識、分別，再經過情緒、心理作用的添加，並不能認識眞確完全；在眞人的精神中所對的世界，是以自己所得於天的神明，照應物事，使物事也呈現它所受於天的本然，如鏡子一般反應一物的眞實，也反應物來物去流轉中的「流轉」一事的眞實，精神與世界時時以眞實相應。

（3）精神的絕對自由：從「其食不甘」起，我們便說過幾次「精神自由」，自然是以自由作為精神的理想狀態。因為只有自由，精神才能自體清淨純粹地運作，而世界也以眞實整全和精神相應。而「不夢」是精神自由的最高表現。當我們只說「無憂」和「不甘」時，它可以是告子不動心的方式，經由強迫性的否決而驟幾。但是「不夢」卻眞正地需要精神上的自主與自由，神明的眞正清淨，而「自然」地不發生，而無法以強制的方式到達。並且唯有此時，人才能消滅它自身的不可知性和非自主性，以神作為貫穿寐覺之中的靈樞，達到人自身的統一與整合。

第三節　「莊周夢蝶」的幾重意義探索──以前一部分的結論爲衡量

在這個部分，我們將先分析文章脈絡，再由文章脈絡爲依據，盡可能地求索「莊周夢蝶」的義蘊。

> 昔者莊周夢爲胡蝶也。栩栩然蝴蝶也，自喻適志與！不知周也。俄然覺，則蘧蘧然周也。不知周之夢爲胡蝶與？胡蝶之夢爲周與？周與胡蝶，則必有分矣。此之謂物化。

我們首先可概略分這一段爲兩個環節：（1）夢時。（2）覺時。覺時又可細分成三小節 1、發現（則蘧蘧然周也）2、反省（「不知」以下至「必有分矣」）3、憬悟（物化）。兩環節中，又各含幾項重要的成素，分析如下：

1、夢　時

（1）〔莊周→〕胡蝶：主角似是胡蝶，以下的三項特定描述是就著胡蝶而言。但我們注意「夢爲」一詞，顯而易見的，這是描述二個個體之間的一種關係的發生。因此，周延地說是，三項特定描述是就關係發生時的樣態而言。

（2）「〔莊周→〕胡蝶」的三種特性：

〈1〉栩栩然：

（a）喜貌（陸德明、王夫之、錢賓四）

（b）忻暢（張默生）

〈2〉自喻適志：

（a）張默生刪去這一句。

（b）自謂適志。（錢賓四）

〈3〉不知周也：承〈1〉、〈2〉而來的重要結語。

（3）由這三項特性去看周與胡蝶的關係樣態，可以說是「消周歸蝶」。

2、覺　時

（1）發現：「則蘧蘧然周也」：

（a）覺貌（嚴復）

（b）有形貌（王夫之）

我們若視這個故事的每一安排都非無意，那麼，「覺」也必然是說明物化的重要步驟。在「俄然覺」之後的第一項要素本身就很有意思。莊子立刻發

現一個迥異於胡蝶的莊周，而且對這個發現感到不尋常；也就是說：莊子不只是發現夢醒而已，他還發現了個體的轉換；不只是發現個體的轉換而視爲當然，他視爲是一件不可思議的事。因此——

（2）反省：

〈1〉「不知周之夢爲胡蝶與？胡蝶之夢爲周與？」：

這是我們前面說是「個體的『轉換』」的理由。就「莊周夢蝶」的敘述看，「蘧蘧然周也」當是「個體的還原」；但若就莊子的愕然發現，是更近於「個體的轉換」的。所以他才接下來有一反省。這一反省也很有意思。一般我們做夢，是不容易夢到自己變成別的人或物的，莊子一開始便不同了。其次，即若我們經歷與莊周相同的夢，我們是否在醒來問相同的問題？因爲當莊子問「不知周之夢爲胡蝶與？胡蝶可之夢爲周與？」時，他便預設了：1、「夢」不是「人→物」的單向可能關係；2、他的「夢蝶」也不只是「莊周夢蝶」的意義而已；3、甚且，他更可能肯定夢的迷離恍惚的眞確性，以及 4、由疑詞引發「莊周夢蝶」打破「人→物」的單向性而延展出更多的可能性。

〈2〉「周與胡蝶，則必有分矣。」：

（a）張默生刪去此句。

（b）這一句，不知該放在「反省」還是憬悟，姑且歸在這兒。「分」大概都作「ㄈㄣ」讀，有「分別」「差異」的意思。這句在歸屬上的困難，是因爲它承上啓下的地位。

（3）憬悟：「此之謂物化」：「此」是總結全文，尤其扣緊反省的〈1〉、〈2〉來說。馬其昶說：「物有分，化則一也。」眞是簡捷明白。莊子一方肯認物「必」有分，但分不是最終的眞實，而是以「分」作爲「化一」的可能的基礎；但「化一」如何體會，如何說明，究竟何所似呢？莊子便透過「夢」與「覺」。「夢」自然是「化一」，但是沒有「覺對夢」之「分」，那夢的「化一」也成了不可說與不可了悟，因此「化一」又必待「覺」來闡明。由此看來，這個憬悟也有趣得很！

以上是對「莊周夢蝶」一段的分析。雖說透過文章脈絡的分析去說明這故事的義蘊，事實上我們也無法脫離意義去分析文章脈絡，因此這個分析就不免冗雜了些。以下我們本著這個分析，順著二個假設的角度去探索這個故

事的意義。這兩個假設的角度是：

1、以「夢」為實義：的確在說明所經歷的一個夢境。

2、以「夢」為喻依：借用夢的特性來說明他的憬悟。

當然，「夢」作為「既實且喻」的憑藉，也並非全然不可能，這且待最後討論。

1、以「夢」為實看「莊周夢蝶」

我們前面分析文章脈絡時，盡量地使「夢」成為只是相對於「覺」的一個不確定概念，而今落實下來，使「夢」成為我們第二部分中實際經驗睡眠中的「夢」。那也就是說，莊子透過「夢」，體會到人的自我意識可能透過某種途徑完全消失，消失又不泯滅，而化入另一個體之中，完全享受那個個體生命的喜悅；但是突然間醒了過來，他發現原來一切的喜悅都不是真的，現在確確然有一個莊周在這兒。我們在前面分析時曾略為提到，一般人夢醒之後是不會去問「究竟誰夢為誰？」的問題，那莊子是基於什麼理由會去問「不知周之夢為胡蝶與？胡蝶之夢為周與？」莊子可能要透過疑詞來排蕩「夢——覺」之分，也就是同是〈齊物論〉中「丘也與汝皆夢也，予謂汝夢亦夢也」的泯除夢覺之分，說夢彷彿是覺，其實還可能是夢！我的覺彷彿「蘧蘧然」地異於「栩栩然胡蝶也」，怎知不是「昔者胡蝶夢為莊周，蘧蘧然莊周也」呢？胡蝶是否真會作夢呢？並不是重點所在了！那什麼是排蕩泯除呢？莊子為何要這麼做呢？排蕩泯除，是夢也等同於覺，覺也如夢一般；莊子是要人在夢便安於夢，當覺便適於覺嗎？底下他說「周與胡蝶，則必有分矣」，可能有二義：（1）我與物是一定有差異和分別的；（2）喻指覺與夢。若說前面要等同覺夢，周蝶化一，為何在此說「分」？雖然說「分」是「等同」與「化一」的必要條件，但並不是充分條件！因此，只能說明如何能等同化一，而仍不能解釋為什麼要如此。況且，若說「化一」透過夢，了悟「化一」又透過覺，那說周蝶化一則夠了，為何還要等同覺夢呢？還有，化一與等同也並不相同。

我們試先從為何要有「化一」開始。在化一之前的「分」的狀態，我們可說，物便只有「分」的狀態下的可能，以及彼此相分的狀況。但進入「化一」，或者說，透過在此的「夢」的途徑，物與我都由「分」的孤立狀況，而發生關聯；並由「關聯」中改變了原本「分」之下的狀態，而有新的面貌也就是「栩栩然，自喻適志」——原本不是「周」的狀態，進入周之中；在蝶來說，也因「周」的進入而豐富了自身的內容。如此說來，「化一」是世界中，

生物（人與動植物）彼此豐富，彼此繫聯的方式與意義。

我們若再由《莊子》這段文字的敘述順序來看：就環節上說，是由夢→覺；就覺中說，是由「不知周與蝶究竟誰夢為誰」的等同而說→必有分；似乎莊乎又在化一與等同當中，仍然保留著「分別」「差異」的必然性，是不是這樣呢？這裡就透出「化一」與「分別」該是一個動態的循環。保持動態的循環，才能保持彼此繫聯彼此豐富的意義，這是敘述結束的一個重要意義，也是莊子要在關鍵句上說「分」的意思。

最後，我們重新思考「不知周之夢為胡蝶與？胡蝶之夢為周與？」兩句。這可以幫助我們解答化一與等同之間的問題。莊子這一問，是基於反省的反省而提出。但這問題，其實可畫作兩圖：

圖一

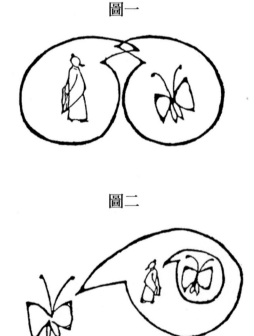

圖二

就第一圖來說，是「莊周夢蝶」不一定代表周的主動性與能夢，可能呢，是「蝶夢莊周」而不記得自己是莊周了。就第二圖來說，便是就「蘧蘧然周也」的不是蝶，視同「栩栩然胡蝶也」的不是周，而以覺的不可靠而或許為夢而說。「等同」覺夢是就第二圖說，等同是說覺夢在意義上相當，平等對待，

與「化一」彼此涉入融合究竟有別，再者化一是個體與個體之間的聯繫；等同覺夢卻是對環節或事件的態度。莊子爲何要等同覺與夢呢？一來，如同物有分便必然有化一一般，化一使原先的分改變本來的狀貌，而開示新的內容；覺夢的分別可在這一意義下排蕩，而顯示環節與事件並無固定性與設義性，我們可從另一角度而翻轉我們的看法和態度。但「翻轉」的本身又意味著我們對另一角度的取擇，因此又透過翻轉的翻轉而不作任何的執著，這翻轉的翻轉，是不只就夢覺對調地看，並且更高地等視二者，更進一步的是自夢覺與一切分立狀態之中跳脫，也就是包括它所等視者，都加以翻轉了。這「翻轉的翻轉」便只有透過「不知」這樣可怪的疑詞和以下思想的活潑跳動的設問來表達。

我們在此對這一部分做一小小的結論，（一）重新審視所假設的出發點：以「夢」的實義，和以上的詮釋是否能相應無間；審視的衡量，一是文章理路，一是第二節研究的結果；（二）對詮釋的內容稍作整理。

（1）以夢爲實義，是說莊子透過眞正作夢的經歷而作這樣的反省。在詮釋過程中，對故事反省開始的一個問題，便感到它的驚異之處。這自然可以表示莊子在相同於眾人的經驗中，有不同於眾人的洞見；但也顯示，我們若由眞正的「夢」作爲詮釋的鑰匙不無困難。因爲（我們提過）這個反省是落在對「夢」的肯定之上，也就是：

1、夢在此必須有促成反省的必然性

2、夢確然成爲「物化」的關鍵途徑

但是，不論就我們日常對夢的經歷，或由第二部分的研究，我們都很難肯定這兩點。1、物化是一個動態循環，而日常經驗的「夢」不能有此保證。這是「夢」作爲物化關鍵途徑的否定；2、「夢」本身的蕩馳性、幻成性，一來並不能構成反省的必然性，一來也沒有在詮釋上的說服力。

因此，莊子由眞實的夢，做爲莊周夢蝶的故事基礎的可能性是微乎其微的。

（2）「物化」這一小段，我們仍可說莊子試圖告訴我們可以由某種途徑，達到人物間的新關係；並由新關係中體會一種觀念與智慧。這個新關係是「化→分」的動態循環，這動態循環的奧秘在於1、不呆滯2、豐富性。由化到分，這分已非原先的分，而是帶化的分，可作「分2」，分2再化再分，便是分3以至無窮。分3是是攝入分1（未化的分）與分2，並且合分1到分2，分2

到分 3 中間的化，如此重重攝受，而顯為極活潑、極複雜的豐富性。

而由排蕩夢覺之分，說「翻轉的翻轉」，並不是還原到翻轉前的狀況，而是就著「原樣」／「翻轉」（「／」表偕同）而有的不沾著不偏頗的中樞立意。

（3）這個「某種途徑」，依目前的了解，是無法透過真實的夢來求得一個合理滿意的解釋。因此，我們將試著從第二個假設的角度出發。

2、以「夢」為喻依看「莊周夢蝶」

所謂「以夢為喻依」，是說莊子利用夢的一些特性，方便地指示某種內容。但是這個內容在莊子是如何體會的呢？莊子所用的途徑是什麼呢？我們的答案是：仍舊是「夢」。這個「夢」不同於睡眠中間幻成的夢，但具有與幻成的夢相近的一些性質；對此經驗，莊子無以名之，我們暫時無從知之，姑且還是說：是夢。那兩者相近的性質是什麼呢？我們將透過對夢的性質的再解釋，來作為以下探索的依準。（姑且稱這樣的夢為「夢'」）

（1）幻成性：此處的幻成性，固定指「夢'」之作為一種經驗事實，但不是實際在現象界中操演而言。以「夢'」為胡蝶而言，固定指周與胡蝶在一種經驗事實中發生關係，但不是兩者的真正相互替代，也不是睡眠中所夢。

（2）不可知性：這是就這個經驗所提供的形式與內容，並不是我們所能徹底掌握與了解而言。「莊周夢蝶」這個「夢'」的經驗方式並非莊周所能預想的；「夢為胡蝶」亦然。因為這不可知性，所以引發莊子的反省，較真正的「夢」更有跡可尋。

我想，莊子最主要的便是憑藉夢的這兩種性質來做為「喻依」，這兩種性質合起來看，便是我們最先分析文章脈絡時所提過的：「莊子似乎必須預設『夢』的迷離恍惚的真確性，才反省到『不知周之夢胡蝶與？胡蝶之夢為周與？』」而我們可以看出「夢」本身的不確定性，不真實性，很難（至少以目前的了解）作為反省的基點與「物化」的樞紐；但一旦借用這兩項性質，來作為說明的憑依，以及比擬另一種經驗時，卻又「恢詭譎怪」地有著很奇妙的功能。

那麼，莊子以這兩項性質來說明什麼經驗呢？這個經驗與「物化」有什麼關連呢？這經驗中的「物化」又是什麼意義呢？無論這是什麼經驗，給它一個定名，怎知它正好不似我們所定的呢？倒不如我們直接由整個經驗內容來探其究竟。

　　「夢'」由它的三項特定描述作爲屬性來看，是莊周的完全化同於胡蝶，也就是「消周歸蝶」。只有完全的內在於另一生命個體，才能完全和那生命存在的動靜悲喜一起起伏，所謂「入乎其內者有深情」，深情，才能與另一生命存在同心，同心才能盡知其底蘊——「胡蝶」生命中的精采：雙翼彩麗、飛動輕盈、穿花擷蜜。在一個「認同」的時分，莊周的主體消失，完全化爲另一生命（所謂客體），栩栩欣喜而不知有周。一般對美感經驗的描述多止於此，也以此作爲極致。比如鈴木大拙（1870～1966）借用芭蕉（1644～1694）的俳句：

　　　　「よく見れば

　　　　　薺花咲く

　　　　　垣根かな！〔註9〕」

來說明「禪的無意識」，便是以詩人與薺花的結合爲一，而以薺花代替自己存在核心（或說存在整體），作爲禪的經驗，是一種向宇宙大我的回歸。〔註10〕其次，托瑪斯・曼（Thomas Mann）以《魂斷威尼斯》一部小書爲喻，發表他對美的內容的看法，以及面對美的態度。美少年的具體形象作爲美的內容的完全呈現，主角奧森巴赫的表現方式是：

　　　　他（奧森巴赫）的臉色發青，彷彿那可愛的誘惑者（按：美少年達秋），正對著他微笑，向他招手；也彷彿看見他（按：美少年）舉起腰上的手，指著那遙遠充滿希望的浩大之野。他（奧森巴赫）覺得自己像平常一樣站起來（按：其實是在昏迷狀態），跟隨著美少年去了。〔註11〕

最後，奧森巴赫便死在威尼斯，死代表終結，向美的投入可以作爲吾人生命的終極指標；浩大之野（此處是大海）隱喻那更大的自我，一個全新的生命，死的另一意義是重生（當然得是向美殉身的死），重生在美所建構的境地。兩個示例，都將沈入對象之中的合一，作爲美感經驗的極境。這樣的美感經驗，我們可將其所立的主體，依勞思光生生的自我設準名爲情意我。但夢蝶是否

〔註9〕　原孟祥森中譯爲「當我細細看／啊，一棵薺花／開在籬牆邊！」但此譯主要隨英譯：「When I look carefully/I see the *nazuna* blooming / By the hedge!」而來，原俳句未必需要主詞，薺花也未必需要計量，且首句有假設意味，末句有感嘆意味，重譯類此：「倘細細看／薺花正開著／就在籬下哪！」參鈴木大拙等著，孟祥森譯：《禪與心理分析》（臺北：志文出版社，1987），頁17～18。

〔註10〕　參鈴木大拙等著，孟祥森譯：《禪與心理分析》，頁17～49。

〔註11〕　托瑪斯・曼（Thomas Mann）著，宣誠譯：《魂斷威尼斯》（臺北：志文出版社，1972），頁104。（　）中的文字均爲筆者所加註的說明。

即表示情意我的狀態呢？「消周歸蝶」本身是否就是「物化」了呢？不是！沈入對象的合一，在莊子，沈入對象的合一僅是故事的發端！「夢'」為胡蝶，並不是終結，不是死中之生。莊子若眞是這個意思，他便會在「不知周也」之下馬上接「此之謂物化」而結束。可是莊周不但「醒來」，而且之後還有一番思慮。以下我們要透過「覺」的內容來看第二環節的意義。

首先，是「則蘧蘧然周也」：對於個體轉換的發現。但是「俄然覺」的第一個發現並不止於這樣的意義，事實上還隱含了對三件事的意識：1、能憶「夢蝶」的融合環節，並知當時的「不知」「莊周」自己；2、由「憶」而能察「蘧然周」與「栩然蝶」的差異；3、「夢蝶」的「能夢」與「覺周」的「能察」是一共同所依——莊周。基於對這三者的意識，才可能問：「不知周之夢為胡蝶與？胡蝶之夢為周與？」這個疑問又包括三個意思：

1、「不知」之所以能問，一方面是依於「覺」的「存在狀態」，再者依於覺後的發現，發現兩個環節的差異。

2、「不知」又依於「覺」後的意識到夢、覺兩環節有一共同的所依：一個「莊周」主體；在這主體之中，可以化入不同的內容。

3、「不知」事實上的意旨在解消所領的兩個問題而予以同時肯定，泯除「周→夢蝶」的單向性的偏頗與呆板，而確立「夢'」經驗中，主客交映迴流的雙向性。

由「不知……」這一句逼出三個主意：1、肯定覺時，2、表顯一個經驗主體，以及3、主客互動的形式，再進一層歸結：「周與胡蝶，則必有分矣」，意謂著：在主客互動之中，雖是肯定二者平等；但就主體來說，又更深一層地為二者所依；此主體所在的「周」是有所異於胡蝶的，所以說「周與胡蝶，必有分矣。」這時主體以極特殊的方式表現：一方連作在互動迴流之中；一方文作為互動迴流之所依。最後，總結以上，說「物化」之義。

（1）莊周（主體）化入諸存在的內部而充盡體會諸存在的生命世界。

（2）繼而又自生命世界出而有「覺」，「覺」作為一種察異的要素。

（3）主體作為貫串 $\left\{\begin{array}{l}\text{化入另一個體而與其密合}\\\text{能察此密合與主體之異}\end{array}\right\}$ 這兩者，綜合而構成

一全幅的「夢'」經驗，是以一主體連帶一個主客互動而使此不相礙、不相消解的經驗。

這個「夢'」經驗，既符合幻成性（不是實際的周「化」成蝶），又符合不可知

性（在「夢’」中不自知是周），因此這可以是莊周夢蝶的一個詮釋。而且，連帶著第一個假設的詮釋，我們可以取消（也必須取消）那個假設的角度，但仍可保留詮釋：保留詮釋的理由是仿同第二個假設以夢的性質構設那故事，而我們可以以夢爲喻依來看待。那麼這兩個詮釋合起來看，大致可以歸結出：「莊周夢蝶」，是莊子以「夢」的性質爲喻依，表達他所認爲的人——依憑著某種主體性——與世界發生關係的方式，及在方式中產生意義，以及由方式啓發而蘊生一種智慧的故事。

3、夢具「既實且喻」之義

最後，我們要試一個詮釋角度，「既實且喻」。什麼是「既實且喻」呢？對莊子來說，這夢是眞實發生的，他也深知這個夢的意義——迥異於尋常的夢的蕩馳與幻成，他的憬悟也由此而來；但他敘述這故事時，卻是善巧地借用夢的性質，使他人透過喻依得到了解。由前述假設的角度探索中，我們知道在《莊子》書中無法找到這是「實夢」的根據，因此我們對此必先有一番說明；其次我們又必須以喻依爲準，在《莊子》書中找到「實夢」所表達的觀念的支持證據，作一輔成；二者相符，然後才可以說這個角度的詮釋足以成立。我們先說「實夢」的部分。

這裡仍要依準第二部分的結果，如果莊子已修養到眞人不夢的境界，依佛教的觀點，七地以上大菩薩也是不做夢的；但是一旦有夢那夢就不是幻成、蕩馳……的意義，而是近似「啓示」「呈現」，而必然爲眞，所謂「眞」是指夢的內容必然存在，比如前世之事，來日之事等等。此時夢與不夢兩不相妨，都依於一自由清明的精神狀態。倘若莊子在眞人的境界而確然夢爲胡蝶（或者夢爲其他，而此處以胡蝶爲代），那代表著什麼意義呢？至少，莊子知道這夢不是幻成……之義，因此促引他進一步的思索與說明。也就是「夢」在此符合是爲說明「物化」的基點；以及促成反省的必然性，這兩項條件。其次，我們以這夢的內容必然存在，來看「莊周夢蝶」的幾個意義：

（1）由莊子的敘述，不論「夢蝶」是指前世之事、或者其他的實事，莊子的意旨都是他曾爲另一存在個體或可以爲另一存在個體。更進一步說：周與胡蝶以至萬物，是存在著的眾多分立個體：這些分立的個體，不論是「栩栩然蝶」或「蘧蘧然周」的物與人的分別，都可以彼此變換攝入（就不論是誰「夢」爲誰了）。這就近於佛教的輪迴觀，而等同於勞思光先生的「同層流

轉」的說法。〔註12〕

（2）周與蝶有分，表面上看是空間上的隔絕，但是卻在某一情況下，可以使這間隔消失。這是同層流轉的進一層意思。

（3）再就夢爲胡蝶，若亦指涉爲過往或將來之事，也顯示：時間的流逝也可在某一情境再現而壓縮，成爲過去、現在、未來彼此無際的狀態。

（4）那麼，所謂「物化」，便是意謂：人與萬物並非截然地對立，而在存在上彼此歸化流轉，由歸化流轉上見人與萬物間的同級性；更進一步意指時空不是絕對地分割爲種種環節與界域，而能在某一意義下消泯分際。

這是我們依於夢的實義的一個簡短說明。《莊子》書中能否提供支持的證據，同樣表達：「個體之間（人與人、人與萬物、萬物與萬物）可以彼此歸化攝入」的觀念呢？

> 惡乎然？然於然。惡乎不然？不然於不然。惡乎可？可於可。惡乎
> 不可？不可於不可。物固有所然，物固有所可。無物不然，無物不
> 可。非巵言日出，和以天倪，孰得其久？萬物皆種也，以不同形相
> 禪，始卒若環，莫得其倫，是謂天均。天均者，天倪也。〈寓言〉（按：
> 以上又見〈齊物論〉）

「萬物皆種也，以不同形相禪」，王夫之解爲；「各依其種而有變化。」〔註13〕宣穎則曰：「皆有種類，各以其類禪於無窮。」〔註14〕我們在此試作一大膽的假設，莊子這話除王、宣二氏所揭一義，尚有視萬物爲同層級：「皆種也」，其間以不同的形相相繼一義。但是這兩句話爲何插在這一大段話中間呢？莊子要表達什麼意思呢？

我在「萬物皆種也」之前還特別抄下一大段話，因爲它和〈齊物論〉重疊，這似乎可以給我們一點意義聯貫的把握。這一段話是反省我們一位對事物的態度是：「只是依於吾人主觀意願與觀念，而鎖定世界的樣態」（這種態度可名之爲「唯識構作」〔註15〕），接著申明「物固有所然，物固有所可」而

〔註12〕見勞思光《中國哲學史》卷一，頁198～208。此處以「近於」「同於」加以區別，也許雙方所見乃同一事象，然其解釋語可有別。筆者以爲輪迴一詞乃劣義，既非莊子所持之義，亦非莊子物化欲表之境；但將生命之互攝互入解釋爲同層流轉，可在「通天下一氣」的基礎上成立，此則無輪迴所根基之無明之義。

〔註13〕《莊子解》，頁248。

〔註14〕《南華經解》，頁478。

〔註15〕唯識構作的基本例證，如芥川龍之介所著的〈竹藪中〉（黑澤明拍攝爲電影「羅

進一步夷平唯識構作的世界的差別相，提昇爲不然也可以然，不可也可以可的「無物不然，無物不可」的大肯定。在態度上既是均齊可不可，並列然不然，在語言的表達上，便不免要有所相應，「厄言日出，和以天倪」，和以天倪就是「是不是，然不然」。接下來又回頭說「萬物……」，這是怎麽回事？這應當是依均齊可不可，然不然的態度回看萬物；萬物也可以「均齊」，都是一個「種」（就這點說均齊），種所變化形相雖異，但這些形相仍交互流轉遞承；因此一切變異都如環上的眾多的點，表面上似是分立，但一者它們同位環上，是就「種」說；再者，都由環的旋轉貫通爲一；變動與形異，不害同一，便是天均。

那我們的假設能否成立呢？《莊子》有一段話可爲參證：

> 「亡。予何惡？浸假而化予之左臂以爲雞〔卵〕，予因以求時夜。浸
> 假而化予之右臂以爲彈，予因以求鴞炙。浸假而化予之尻以爲輪，
> 以神爲馬，予因以乘之，豈更駕哉？……」（〈大宗師〉）

個人以爲這一段話，應該是「萬物皆種也，以不同形相禪」第二義很好的註腳。確立了這一點，我們才繼續討論「天均」。王夫之說：「內篇雖參差旁引，而意皆連屬；雖洋溢無方，而指歸則約。」又「首尾一致，雖重詞廣喻，而脈絡相因也。」物化與天均，在〈齊物論〉中，雖各自爲段，其間不無連屬；由〈寓言〉看來，更是以「天均」來解「物化」，那麽，對「天均」的探索，便成了了解「物化」的一重要關鍵。

> 已而不知其然，謂之道。勞神明爲一，而不知其同也，謂之朝三。
>
> 何謂朝三？曰：狙公賦芧，曰：「朝三而暮四。」眾狙皆怒；曰：「然
> 則朝四而暮三？」眾狙皆悅。名實未虧，而喜怒爲用，亦因是也。
> 是以聖人和之以是非，而休乎天均，是之謂兩行。
>
> 曹受坤注：「……陶家名模下圓轉者爲鈞。此與循環義相照應。兩行，
> 即從環中左旋右轉，無不同歸一點也。」（《解說》頁47～48）
>
> 王夫之：「若夫天均者，運而相爲圓轉者也，則生死移而彼我移

生門」）。原著與劇本皆可有多種詮釋，其中一解即此處所說。亦即「客觀事實」與「一致認同」幾乎是不存在的，事件極由人（觀察者）攝取的主觀成份而變質，遂使「同一事件」卻存「多種」的描述與評價。描述、評價和「然／不然」「可／不可」所表示的，竟不是客觀事實，而只是主觀意願的透露。亦即接近第二章所說的背反前二義。

矣。……苟能知移者之無彼是，則籠天下於大圜之中，任其所旋轉，

而無彼是之辨，以同乎天和，則我即人也，我即天也。」（〈庚桑楚〉

篇首，《解》頁 197）

由此看來，我們從《莊子》書中找到的佐證已很明顯地看出，「物化」已不限於說明「萬物皆種也，以不同形相禪」的「同層流轉」而已，它背後透向一更高的意指：天均——

（1）由「同層流轉」進一步放在天均的循環上看，就環上諸點的不止的變動中，則一點一點皆無固定性與實在性，他們必將化入下一點，而為一暫時的、先前的驟停而已；但變化又有規律性和同質性，它們一同構成環，故是同質，同在圜上運行而永成一圓環，是為規律性。

（2）既無固定性與實在性，便無所謂「肯定」，一切的肯定都必然為流轉淹化而消逝；卻又因會有規律性和同質性而串為一環，則一切變化轉易的飄忽，又可收束而歸於齊一，歸於齊一便有所定，又無所謂「否定」了，任何否定都將為規律的循環所超越。這便是「兩行」。意即，天均不只是泯絕眾異而化於一，而是貫通「同」與「異」的。

（3）我們再由同層流轉與環進一步設想：則任一點或任一物，依其由前至今的演變來說，它是攝一切種的，再就它將衍化為任何點、物，它又含一切種。由此就任一物都會有無窮因子來看，一切空間中的諸有，是沒有分際，但諸因子又必散播空際，以見因子之無限；一切時間中的萬象，也沒有先後，先必含後，後必攝先，但諸因子又必伸延時線，以見因子之無數。這點可以證諸〈庚桑楚〉：「有實而無乎處者，宇也；有長而無乎本剽者，宙也。」王夫之注：「……宇則無可分畛之處矣，宙則前無本而後非剽矣。」〔註16〕有實在性的空間，空間不造成距離與隔閡；有綿延式的時間，始可為終，終無非始。

天均是與世界實相相應的思惟法式，足以籠罩一切，見差別分立，不以此害其通於一；達道通為一，不以此泯毀分際。客觀地說實相便是物化，主觀地說相應的思惟便是天均。

以上是我們在《莊子》書中找到的佐證，足以支持由佛教的觀點的解說。我們也可說，《莊子》書中本就存在這個詮釋的內容的。

在這一部分，我們的基本問題是：「夢在什麼意義下，足以作為說明『物化』的條件？」我們假設了三個意義作為詮釋的角度，最後肯認了其中的兩

〔註16〕《莊子解》，頁 205。

個；此外也一直不忽略「覺」，視爲必定有「覺」與夢攜手爲輔，才可以說明與了解物化。最後，我們發現物化與天均之間不可分的關係。這裡僅鉤提區區三點解說天均，更豐富的意涵當另以專文討論。

第四節　小　結

在第二節，我們經由莊子對人的精神結構與運作的探討，去說明夢的形成與性質，以及夢如何寂滅和寂滅的意義。「不夢」的意義在於透過精神運作的革命而達到精神的自由，擺脫尋常的經驗攝取方式，使寐覺之中精神體沒有差別，都依於氣沈神凝的作用。

第三節，我們不斷地扣住文字分析，在方式上顯得繁複，解釋上也頗見拘束，但是可使意義的掌握較確實。試著以假設的三個角度來詮釋，並以第二節的結果爲參酌、爲衡量，也使結果更具妥實性。「夢蝶」的故事約可結出兩個意思：一是前兩個詮釋，「夢蝶」用以說明「主體」藉由動態循環的方式契入世界真相；並由動態循環中悟不墮兩邊的智慧，也就是「夢蝶」作爲說明人面對世界的態度與理念。二是由第三個詮釋角度更進一步使「物化」歸結至「天均」一重要概念中，這也是關涉到「主體」與「世界」的關係，以及主體應保有的思惟法式。

透過以上的探討，在這兩段文字中，「夢」不只是單純地用於和覺作一比對，而成爲說明生死的簡易用字。「夢」主要是用作喻依而來說明重要觀念的；「不夢」則指涉一種活動上的真實——真實的夢的缺如，而爲一精神體清淨自由的符號。而兩段文字間的對比與矛盾，可以透過夢作爲喻依和「既實且喻」的兩個角度加以融釋。莊子是一真人，雖不夢亦可夢爲胡蝶，兩者可歸於同一心境而不相爲礙。

第三章　且汝夢爲鳥而厲乎天

顏回問仲尼曰：『孟孫才其母死，哭泣無涕，中心不感，居喪不哀；
無是三者，以善喪蓋魯國，固有無其實而得其名者乎？回壹怪之。』
仲尼曰：『夫孟孫氏盡之矣，進於知矣。唯簡之而不得，夫已有所簡
矣。孟孫氏不知所以生，不知所以死，不知就先，不知就後，若化
爲物，以待其所不知之化已乎？且方將化，惡知不化哉？方將不化，
惡知已化哉？吾特與汝，其夢未始覺者邪！且彼有駭形而無損心，
有旦宅而無情死。孟孫氏特覺人哭亦哭，是自其所以乃〔宜〕。且也
相與吾之耳矣，庸詎知吾所謂吾之乎？且汝夢爲鳥而厲乎天，夢爲
魚而沒乎淵。不識今之言者，其覺者乎？其夢者乎？造適不及笑，
獻笑不及排，安排而去化，乃入於寥天一。』

第一節　生死問題通論

　　同樣的，我們首先考量在仲尼的答話中，夢覺的象喻是就著什麼主題而
開展。在顏回的疑惑裡，孟孫才「哭泣無涕，中心不感，居喪不哀」，這樣的
情感如何反以「善喪蓋魯國」？關鍵在孟孫才面對的不只是朋友的死（如：
老聃死，秦失弔之。〈養生主〉），也不只是妻子的死（莊子妻死，惠子弔之。
〈至樂〉），而是母親的死。〈人間世〉中又說：

　　　　仲尼曰：天下有大戒二，其一，命也。其一，義也。子之愛親，命
　　　　也，不可解於心，……無所逃於天地之間，是之謂大戒。

然而孟孫才由內到外，不論是情感深度或在禮法形制方面的表現，似乎都一
無可稱，爲何反受襃名「善喪蓋魯國」？此章透過母親之死，將死生問題推

到極致，實際而嚴肅地探討死亡以及情感上如何回應的處理方式。

　　猶如前面討論「不夢」的問題一般，莊子總有出人意表的敘述，而我們必從其反面——恰好是吾人尋常經驗的正面：如「夢」的形成、性質……等——先行討論，重新考察，才能進而及於莊子的意旨所在。面對至親過世，如何能不哭？如何能哭泣無涕？若非寡薄其情，莊子將如何曉喻吾人：孟孫才的表現合理而且——合情？由表現的不同，可知必由一異於吾人尋常見解的新觀點來看死亡。那死亡在尋常意義和莊子的了解之間究竟的差異是什麼？莊子透過什麼方式理會死亡的隱義（於眾人而言為隱，於莊子為顯）？更重要的是，尋常意義的死亡和「涕、感、哀」的不是，為孟孫才所否定；而孟孫才（即仲尼的了解，莊子執筆為記）之所是，是否即為究竟之真實，而不再為另一觀點中的死亡看法所否定破解？如果不然，我們只能說：「涕、感、哀」的常情與「無涕、不感、不哀」的善喪，不過前文所說平列意義的背反，誰也不能做為終極參考點而評定對方的是非對錯。因此得順問題的先後次第來開展莊的看法。以下將概略地從一般的生死觀開始，然後進入本文看莊子如何由孟孫才來表達其所了解的生死，如此了解的理據（可信度）為何？夢覺的象喻在這章代表什麼意旨？最後，如何回應死亡應會自然地到達答案的終點。

　　若要了解死亡，便得同時了解生命是怎麼一回事。尋常意義的生死觀，是以吾人形軀生命的存在來界定生，而形軀生命不再具有知覺以至化無便稱為死。在這現象異變裡，是以「形軀」的有無，以及寄寓在形軀裡的知覺感受的存亡這兩者來界定生與死。猶如前文所說，「死」成一純然的不可知——對於經驗。由此不可知可以做為吾人生命的一純粹的否定，一終極意義的虛無。人的形軀生命與覺知的時間不過百年左右，百年之前有億萬年，之後則亦可有億萬年；所佔有的空間不過區區一身，覺知經歷的世界範圍最多不過地球。即使努力於百業萬行，「不朽」的理想果真存在嗎？那一樣不隨著吾人形軀的消散而失去其凝聚力與寄託者，《三國演義》一開頭不就道出生死變異造成的斷割與一切消散而無恆的悲哀嗎？

　　　滾滾長江東逝水，浪花淘盡英雄，是非成敗轉頭空，青山依舊在，
　　　幾度夕陽紅。

「空」作為一切生命存在與附屬的百業萬行的否定與終極虛無，除了青山依舊、宇宙恆在之外，人事的一切努力都將淹沒在時間的流逝——如江水滾滾東下。「不朽」只是觀念上的自慰，反應不成客觀上的表現。關於這種虛無，

《莊子》中多以情感來表現：

1、老聃死。……有老者哭之，如哭其子；少者哭之，如哭其母〔父〕。
（〈養生主〉）

2、俄而子來有病，喘喘然將死，其妻子環而泣之。（〈大宗師〉）

3、莊子妻死，惠子弔之，莊子則方箕踞鼓盆而歌。惠子曰：「與人居，長子老身，死不哭亦足矣，又鼓盆而歌，不亦甚乎！」莊子曰：「不然。是其始死也，我獨何能無槪然？……」（〈至樂〉）

在常情上說，如果一件事爲可樂則笑，若非可樂亦非不可樂，則或不動哀喜之心，但若哭泣以對，心中槪然（按：槪，感也），必是可哀之事。由這三段，「死」是可哀之事，然其何以可哀，文中卻都未說，正見哀死而涕泣是自然不過之事；若要深究，恐是因他人一死，使吾人自睹一生命體的瓦解化滅，彼與我之間的互動永遠停止，彼之聲音永遠沈寂，彼之相貌逐日臭腐，終爲一徹底的非存在，不可捉摸親近，一切皆不能重覆……而情不自已，所以老者少者哭老聃之死；妻子哭泣子來之病而將死；莊子不能無感於妻之死；再普遍於眾人生命的反省，〈齊物論〉也嘆生之艱難與死之悲哀：

一受其成形，不亡以待盡。與物相刃相靡。其行盡如馳，而莫之能止，不亦悲乎！終身役役，而不見其成功；苶然疲役，而不知其所歸，可不哀邪！人謂之不死奚益？其形化，其心與之然，可不謂大哀乎！

由我們受具人形而生，此生命常和外物牴牾不調；勞役憧憧未必有所成，即使有所成，亦不知「成」終究爲了什麼；死亡的必然性使形體變滅，心知也隨而熄覺這四者來看「生命」所包含的種種困境，不止是「悲、哀」等字眼，每一句話莊子都在喟嘆。除了無可奈何之外，還有什麼法子嗎？以下我們順著仲尼的答話來展開莊子這一方的看法。

第二節　顏回的困惑與生死問題的開導

夫孟孫氏盡之矣，進於知矣。

一開始便作簡明的分判。「盡之矣」謂孟孫氏深知死生之理，而能盡表喪禮的本意；比起一般對於「生死」的看法和自謂「知喪禮」的人是又進一層了：進於知矣。（參郭注）這個分判意義在於以「進」字顯襯「知」字的不足；猶

如庖丁說：「臣之所好者道也，進乎技矣」。（〈養生主〉）以「進」字突顯一般性對「技術」的掌握精湛也還不是最完美的。那知的不足由何而見？〈大宗師〉另一段說：

> ……子桑戶死，未葬。孔子聞之，使子貢往待事焉。或編曲，或鼓琴，相和而歌曰：「嗟來桑戶乎！嗟來桑戶乎！而已反其眞，而我猶爲人，猗！」子貢趨而進曰：「敢問臨尸而歌，禮乎？」二人（指孟子反，子琴張）相視而笑曰：「是惡知禮意？……」

當于貢這麼問，顯見的是以他已「知」的禮文來質疑孟子反、子琴張的相和而歌。但孟子反子琴張二人卻反問：「是惡知禮意？」「意」所帶出的問題是：我們平素從外界攝取知識、成規的活動本身隱含的無知，並非我們能注意到的。表面上孟子反、子琴張編曲相和並非禮文所具，但「禮」是否即堅固確定如法規一般？向外我們似乎有所掌握（攝知「禮文」）；向內卻對爲何攝知的對象合理？以及「個體我」在「禮文」中的眞切感受爲何？兩者都容易忽略，這便是隱含的無知。亦即：反過來說，「意」才是最初決定「禮文」形成的條件，禮文的制定原也只爲藉來表意，卻不一定必然非如「此」而不得如「彼」。換言之，喪禮的禮文原只爲使居喪者依以表哀情；倘使有禮文而無哀情，則爲「惡知禮意」。因此，禮意與哀情都應訴諸當事人的「個體實感」——眞正重要的在於表現事件中的「精神」以及事件中個人眞切的感受；而不必定純粹客觀化，只表現「眾體知性」——一般風俗習慣（如「禮」）陶鑄於我意識中的成份（知）。而且孟孫才在居喪方面表現「個體實感」並非只是進於知的另一種模式，而是正在以「個體實感」中充分地（盡）表達居喪的究竟模式（盡）。如郭象注：「動而以天行」〔註1〕的「天」，和宣穎：「盡道」〔註2〕的道，即表「盡」位居的究竟層次。那何以見得孟孫才「盡之」呢？

> 孟孫氏不知所以生，不知所以死，不知就（孰）先，不知就（孰）後。

從這四句反而看不出來孟孫氏何以爲「盡之」。連續四個「不知」何以「進於知」？參看〈大宗師〉另一相近的文字：

> 彼方且與造物者爲人，而遊乎天地之一氣。彼以生爲附贅縣疣，以死爲決疣潰癰。夫若然者，又惡知死生先後之所在？

〔註1〕《莊子集釋》，頁275。
〔註2〕《南華經解》，頁163（原書頁碼作161，有誤）。

這兩段文字合起來看，可以說孟孫氏的「不知」，即「惡知死亡生先後之所在」，亦即不對死生先後作分辨與好惡（就先是悅生；就後是死者之悔其蘄生）。「不知」是因爲有進於知更深的根源：「與造物者爲人，而遊乎天地之一氣」，但這根源和「知」的差別在那裡？依此又何足以對生死不作分辨，不起好惡？這裡便需對「造物」和「氣」稍作解釋。

> 凡有貌象聲色者，皆物也。物（與物）何以相遠？夫奚足以至乎先？是（形）色而已。則物之造乎不形，而止乎無所化，夫得是而窮之者，物焉得而止焉？……壹其性，養其氣，含其德（含字依王叔岷先生校改），以通乎物之所造。夫若是者，其天守全，其神無郤，物奚自入焉？夫醉者之墜者，雖疾不死；骨節與人同，而犯害與人異，其神全也；乘亦不知也，墜亦不知也，死生驚懼不入乎其胸中，是故遻物而不慴。彼得全於酒，而猶若是，而況得全於天乎？聖人藏於天，故莫之能傷也。（〈達生〉）

在〈達生〉篇這段，是由「純氣之守」作關鍵說明「合天全神」之體與「物莫之傷」之用。此體之有此用，是因純氣之守直通「物之所造」——「不形」「無所化」；在「合天全神」之中，「乘亦不知也，墜亦不知也」，不知作爲兩層象喻：在醉者而言，是茫然地無知於「乘墜／（生死）」的分別；但對「全神合天」的至人而言，「神／天」是心靈的清明根依，「（乘墜）／生死」作爲現象異變可能造成的悚懼根本不能干擾。若要進一步說明不能干擾的理由，就應回到「純氣之守」。在第二章，我們視氣爲精神能量，是氣具有的特別意涵：不是純物質性的，所以「唯道集虛」；又不是純精神性的，所以「通乎物之所造」。只有在這意涵裡，才能高於「夫醉者之墜者，雖疾不死」的不免有傷疾，而能「潛行不窒，（按：即〈逍遙遊〉「大浸稽天而不溺」）蹈火不熱（按：即「大旱，金石流，土山焦，而不熱」）」，從至人的修養上說，這樣的描述並非純「境界型態」的語詞，（按：亦即心靈狀態描述詞，而非實際上的事實）而是由「氣」這一層「通乎物之所造」之後，與物根本就無一般意想中質礙相別與對列空間等差異，在構造上是「氣」的相遇，而又「全神合天」有動氣造物的靈明，「生死」作爲一般現象而言，反成爲至人所造，而非其以知之所對，成爲在我之外，而可以認取並伴隨喜怒哀樂好惡的情感。

由「純氣之守」到「全神合天」，我們才回到「愚苶」之處解釋孟孫氏四個「不知」之意，亦可由此稍知其何以「盡之」的消息。

　　若化爲物，以待其所不知之化已乎！且方將化，惡知不化哉？方將

　　不化，惡知已化哉？

從「不知」的觀點，來看吾人同於物的形軀，則必隨氣動變化而「以不同形相禪」（見第二章），吾人亦順之。「安時而處順」兩見於〈養生主〉和〈大宗師〉，順是就「化」的動態而言，順的相反可以是逆、抗，逆抗都不在「全神合天」的層次，何以見得？逆抗必在心中起一意，並激憤對於「化」的動態，起意激憤都不是守氣養氣，反造成氣的亂暴而與「全神合天」越遠。

　　後面兩句則進一步質疑生死異變（化）是否果真造成終極虛無。「順化爲物」以爲有化，怎知是否有所不化？但以爲有所不化又怎知氣化的動態不又運轉推移？這樣的質疑是依著什麼而問？郭象注：

　　已化而生，焉知未生之時哉！未化而死，焉知已死之後哉！故無所

　　避就，而與化俱往也。〔註3〕

卻只說到一面──與化俱往，而「未化而死」一句句義不明，基本上是由時間與氣化造成的大期斷割爲準，說明未生已死的時分及化的推移皆非吾人所知，故應「與化俱往」，這便只是「若（順）化爲物」一句的重複，在意義上沒有推展。個人以爲莊子（或仲尼）在此是先由四個不知把「全神合天」的渾合意涵開宗明義地講定；其次順著「氣化」的動態，說明渾合不分的「神／天」之中仍有異變；再由異變的氣化可能造成的虛無意涵──「所不知之化」的茫然而加以質問：是否一切與化俱亡？抑或化中還有所不化？甚或「化／不化」都非吾人所能知所能參與？亦即質疑的根據是再把「不知」的渾合和「順化」的分異並觀，但並不直接肯定是否定然的兩面，下面方正式回答。

第三節　夢主題之正用

　　吾特與汝其夢未始覺者邪？且彼有駭形而無損心，有旦宅而無情死。

後兩句固是正面的回答。那第一句的作用與意義是什麼？夢覺爲何提出？爲何在此提出？

　　第一句應只是過度語，對「惡知不化惡知已化」而言。仲尼的回答至此一轉，突然冒出「吾與汝」，自然是相對於孟孫氏而言。假如孟孫氏是覺，那「吾與汝」大概還在夢裡吧。但「其夢未始覺」是什麼意思？這些在這兒個

〔註3〕《莊子集釋》，頁276。

人都無法解答，若從後文說夢時可以得到消息，再加以說明。

後兩句是對「化／不化」的正面回答，兩句基本上意義是相通的：有駭形且宅——無損心情死。（詳義後釋）但仍當分兩層義理來講。

前句須從「形——心」對列關係來了解。「有駭形」是氣化異變必然的結果，亦即形軀生命必然地改易（駭，依馬敘倫說，意當作「革」，見《纂箋》頁58。另參《校詮》頁260～261），但是心靈（或精神）卻絲毫無損：「無損心」。無損心可作兩層解：一是知有骸形，但「安時而處順，哀樂不能入也」（〈養生主〉），這是指心靈沒有因此動搖；另是形軀如一切物皆不免於更替易換，但做為實體的精神卻常恆無少減損。後一義比前一層更基本而深。正因精神實體根本無毫釐的毀損，所以「革形」的可駭可以無損於心的自安。以「形變／心常」的對比把一精神實體講出來，說明「變動中有不變」是第一層。〈養生主〉末段可與此參看，老聃論秦失之死，最後說：

> 指窮於爲薪，火傳也，不知其盡也。

「火」究竟指喻什麼，雖有異議，錢穆先生說：「火喻大道，佛典以神形喻薪火，非莊子本旨。」又引王夫之曰：「形成而神因附之，形敝則神舍之而去。寓於形，謂之神，不寓於形，天而已矣。」（同見《纂箋》頁26）但體會大道仍以心以神，若謂二者有別，則「全神合天」終是假合，而非一體了。但若說到「精神實體」，便是極艱難的論題了，與前面提到「參萬歲而一成純」（〈齊物論〉）所表述的聖人心靈境界同等艱難：如何知道宇宙萬象（萬歲萬物）之中有一最終實體（成純）？而這實體又必然是精神的？而且這一精神實體，我們可以超越「生死」作爲經驗上限隔的不足與實際生命有限的斷割，而以隨身百年的「心靈」加以肯認？這些都無法加以回答，只能說依《莊子》本文，我們可以如此說明。

後句「有旦宅而無情死」，有數種合理的解說：一如錢先生說：「旦疑且字形訛，且宅，暫居也。猶言蓬廬。」（《纂箋》頁58）一爲章太炎說：「旦即嬗、禪等字之借，言有易居而無實死也。」則旦宅不只著眼於暫居的生命歷程，而是形體轉變無窮之意；（《纂箋》《校詮》皆有引）一如馬其昶引淮南注而說：「但，猶詐也，旦但皆誕之借字，旦宅與情死對反。情者，誠也，實也。」是以「假宅——實死」而說；（以上皆訓情爲實）又如王敔：「一旦宅此非久居也，死則忘情。」則又謂不以情執係於此暫寓之軀之幻化；一則鍾泰所講：

> 「旦」，明也。《大雅·板》之詩曰：「昊天曰明，及稱出王。昊天曰

旦,及稱遊衍。」是旦、明一也。又《禮記・郊特牲》云「所以交
於旦」,明之義也。方以智《通雅・釋詁》以「旦明」爲「神明」,
則是旦猶神也。其實明義亦相通。

「宅」,如《人間世篇》「一宅而寓於不得已」之宅。

「有旦宅」者,謂宅於神明。……「情」即人情之情。「死」猶亡也。

「無情死」,謂情未嘗亡。……舊解多著眼於死字,而於情字忽
之。……不知「無損心」「無情死」,文正一律,情與心對,死與損
對,特字有倒順耳。「無損心」有似乎無情,故以「無情」救之,不
使墮於一邊。此微意也。〔註4〕(以上情字爲情感之義)。

各種說法都各擅勝場。在此並不擇定一家作某限定意義的解說。鍾泰《發微》
姑不論其所釋之是非,在各種詮釋中最顧及「駭形損心、旦宅情死」間的對
照層次和意趣相通之處。我們也要由這方向對原文加以考索。從上一句「有
駭形而無損心」而言是答「方將化,惡知不化哉?」不把形軀的凋謝現象作
爲最後的眞實,最後的眞實在「無損心」(不因化而動搖,與不隨化而滅無的
「不化」);但在「有駭形而無損心」之中,卻包含一些問題:是否駭形的現
象爲假而精神實體方爲眞?此精神實體之眞在駭形之後,又寄寓在何處?或
者根本不可說寄寓,因其本具「周、徧、咸」?但形之未駭時,精神實體又
如何表現?因此別開死亡關卡的「駭形」,仍有在氣化動態歷程中偶生可知,
即人的「生命現存」。則不能以「有駭形而無損心」忽略這「方將不化」的旦
宅(且宅)──以形之必駭而說且宅之無實,及以心的常恆說且宅之非眞。
這是將心靈超越到永恆的層次之後,審視這「生命現存」爲「有」亦爲氣化
歷程中的眞實。對這氣化歷程中且宅雖肯定其「有」,又如何面對必然涵蘊在
生中的死(駭形)?所以以下又說「無情死」,訓情爲實(馬其昶說),是謂
「生命現存」的眞實,即使面對「駭形」的異變化無,也非眞正的死亡──
歸於終極虛無。可注意的是「無情死」三字應放在什麼層次上說?若只說因
有精神實體故,雖暫居於身形,而推究其底蘊,因精神常存故無死,則與上
次句意相近,層次一致;而若說「且」爲「嬗、禪等字之借」,則如第二章解
釋:「萬物皆種也,以不同形相禪」時所說的「同層流轉」,以此而言亦可說
精神實體依氣化而不斷孕生旦宅,而以心以形兩方面而言都「無情死」,這主

〔註4〕 鍾泰《莊子發微》,頁160。

要從現象方面立論；我們是否已窮盡了詮釋，除此之外，別無其他對「有旦宅而無情死」解說的可能？（在訓情爲實的範圍內）倘若我們以這句爲回應於「方將不化，惡知已化哉？」且宅爲不化，「無情死」對「已化」當如何說？這裡是否容許如此設想：作爲似乎未變滅（不化）的旦宅，其實亦在不自知的氣化動態的推迫之中，（已化）。（亦即同篇所說：「夜半有力者負之而走。」所象喻氣化的不止）然就「生命現存」的歷程到「有駭形」的變滅而綜觀，雖皆爲不息的氣化推迫，然終究說來，並無一般所謂的「死」。——亦即在此即使不肯定超越性的精神實體都可說「無情死」。換言之，從刹那的生滅現象（亦爲「生死」）到大期的生死（亦爲「生滅」），都非眞滅情死。在這裡便非單一恆定不化的精神實體作爲究竟實在，即爲心靈的安慰與保證，而確然地就著現象的變動推迫本身即說「無情死」。而「已化」相關聯的「無情死」的意義如何可能？如何解說才能圓融觀念上表面的矛盾？

　　到「無情死」才眞正將「生死」作爲變異現象的總述，與作爲實有所指的對列觀念，兩者皆予以否定。亦即：由理的觀照——「本無（生）死」，進而根本無措意於（生）死，所以可說「不知所以生，不知所以死」，而忘情於生死。整個從生死足以介懷引泣中超脫，而不見有生死之可駭，而後「有旦宅」的「有」方才有其眞實的意義——不然所有的「生命現存」都只是「不亡以待盡，……人謂之不死，奚益？其形化，其心與之然。」（〈齊物論〉）茫茫昧昧，生存只是奔向死亡的過渡：不亡以待盡，人謂之不死，奚益，成一徹底的虛無：其形化其心與之然。而「生命現存」的可以眞實在於：

> 夫大塊載我以形，勞我以生，佚我以老，息我以死。故善吾生者，乃所以善吾死也。夫藏舟於壑，藏山於澤，謂之固矣，然而夜半有力者負之而走，昧者不知也。（宣云：造化默運，而藏者猶謂在其故處。）藏小大有宜，猶有所遯。若夫藏天下於天下，而不得所遯，是恆物之大情也。特犯人之形而猶喜之。若人之形者，萬化而未始有極也，其爲樂可勝計邪？故聖人將遊於物之所不得遯而皆存。（〈大宗師〉）

所謂「藏天下於天下」即郭注：「無所藏」，因無所藏，則能因化的旦宅而善吾生；因爲本無可藏，亦無可遯，因此「善吾生，乃所以善吾死。」善吾生乃是正對旦宅之「有」，正對有旦宅而超生死之外並且就此既有之「生」而用心：「將遊於物之所不得遯而皆存」。「皆存」則只有生而無死，既無死則連「生」亦無。歸根結底，便是一「物之所不得遯」。在這樣的詮釋之下，不論馬其昶

的「心非實死」，王敔的「死則忘情」，或鍾泰的「情未嘗亡」都可以加以涵蓋。這是以「有旦宅」說明「無情死」，對生死觀念加以超脫，而專注於「善吾生」之意。這是第二層。以上說明整個「死生」問題關鍵，我稱之為「二元等位」的觀點——亦即，不知有生死，亦不悅生惡死，（這都非泛泛地說）生死一視，無有妄知之分，與妄情之辨，是為二元等位。再者，就精神實體（天）與旦宅（人）兩方面來談，亦不只注重那一面，透過兩句把兩層顧全，亦為二元等位。

> 孟孫氏特覺人哭亦哭，是自其所以（乃）宜。（本作乃，依王叔岷先
> 生校改）

由上面兩句的試求其義，才能講明這兩句。作為了解無損心無情死且有旦宅的孟孫氏而言，相應於現實生活中的一特殊事件，便只是自然而地（自其所以宜）人哭亦哭。哭是孟孫氏與眾人之成為一人之「有旦宅」的必然反應，但是「哭泣無涕」，卻有孟孫氏獨特的自然。這可參看〈德充符〉：

> 惠子謂莊子曰：人故無情？莊子曰：然。惠子曰：人而無情，何以
> 謂之人？莊子曰：道與之貌，天與之形，惡得不謂之人？惠子曰：
> 既謂之人，惡得無情？莊子曰：是非吾所謂情也。吾所謂無情者，
> 言人之不以好惡內傷其身，常因自然而不益生也。

人非無情，但不以情內傷其身，並非吝惜此身，而是以情傷身則是「益生」，是從「生命」的真實來說。這裡依舊包含著「二元等位」——亦即「天與人不相勝」。因為生而為人，故親死自然不免於哭；然哭之情又自然地不內傷其身，又全其內在之天（以無涕為象徵）

> 且也相與吾之耳矣，庸詎知吾所謂吾之乎？

這裡是問：「平常說『我』，不過在大眾間隨有『他人』而自稱為『我』（或如王先謙所說：「人每見吾暫有身，則相與吾之」《集解》頁 43），但那裡知道『我』的真正所指——『真實我』是什麼呢？」問題的基點自然與前引〈齊物論〉追問心靈的究極實在相關。「非彼無我，非我無所取」這步審問是比「相與吾之」更進一層，「彼」的對設性由相與吾之中的「他人」轉為「心的種種名言狀態」（按：胡遠濬語，《詮詁》頁 10），即平日指稱為「我」者，是因其為一能感知心靈中種種情狀的統一者。在此「彼我」為平列關係，即「對生」，有彼故有我（之感知）；「非我無所取」不只與「非彼無我」平列，又轉深一層，更審此「統一者」，若非先立一「我」來受持甚或發動心靈的種種情狀，則將

於「彼」無所取認、無所造就，亦即由彼我平列對生的關係，轉以「我」爲根本而「彼」爲稍末的關係。由反省至此「我」的根本，再追問「其所爲使」、眞宰、眞君……等自我究極實在。但反省自我之究極實在與題旨有何關聯？在文義上如何和「特覺人哭亦哭」一句順接？

上面說孟孫氏面對母親之死這一特殊事件（子之愛親，命也，不可解於心）的「哭泣無涕」是二元等位的自然：因旦宅而有情，因無情死而情不內傷其身；這句則又總提回到普遍性的問題：一般說生死都由「我」的有所變化而言，但對於「我的眞相」，我們果眞了解嗎？爲何總提爲此普遍性問題？我想從兩方面來回答。首先，前面都是客觀的說明孟孫氏所了解的死生變化之理，以及回答孟孫氏所以「無涕、不憑、不哀」仍以善喪聞名的理由，這裡才回到主觀方面更進一步體會。若不由這一轉向，則孟孫氏儘可爲其「特」覺，而不必爲顏回、仲尼之所知與認同；再者，轉向主觀性時，對死生問題，仲尼將如何使顏因有所悟入？「吾」作爲普遍性問題的焦點，正在任何心靈現象都以「自我」爲其根本。（「非我無所取」），而前面所說的本無生死若果眞爲實理，則「生死」便不是存在的事實，而亦只是心靈的一種現象，但爲幻成（對於不相應本無生死的實理而言）的「生死」心靈現象，仲尼直探其本地問：這個在表象上有生有死，或幻生出「生死」觀念的「自我」，究竟我們如何了解其眞實？由此看來，這問句承上的意味較少，啓下的意味爲多。〔註5〕

　　且汝夢爲鳥而屬乎天，夢爲魚而沒於淵。不識今之言者，其覺者乎？

　　其夢者乎？

夢的主題至此才出現，那前面的討論是否只是贅語呢？或者是，或者不是，但看夢具有什麼意義。

　　夢爲魚鳥兩句各家注如下：

　　1、郭註：言無往而不自得也。〔註6〕

　　2、鍾泰：（覈而求之，吾果安在？……）時而爲鳥，時而爲魚，將據何者以爲吾？然則所爲「吾之」者，直戲論矣。〔註7〕

　　3、劉武：當吾夢時，吾所謂吾之者，魚鳥也。及其既覺，吾所謂

〔註5〕　鍾泰亦曰：「『且也相與吾之耳矣』以下，所以教顏子也。」《莊子發微》，頁160。

〔註6〕　《莊子集釋》，頁277。

〔註7〕　《莊子發微》，頁160。

吾之者，人也。夢覺異，故吾之者亦不同。〔註8〕

4、陳壽昌曰：于天于淵，本屬幻境，非眞我也，但夢爲鳥魚則然矣。

〔註9〕

以郭注而言，吾不是一固定的據點，而有得失存亡，化之所在便是吾；他並注意到「屬乎天沒於淵」在文脈上的重要性，故說既爲吾則安之，化爲魚鳥亦無不自得；鍾泰、劉武雖與之相近，但二人都只著重在「吾／魚鳥」的關係上。劉武釋「夢」也較實際，直指日常經驗性質的夢。這些詮釋固佳，但最大的缺點在於「夢」所代表的意義沒有著落。並非本文以夢爲題而說註家於此有缺，而是就註文來看，若要進一步追問：「夢」是指什麼？爲何以「夢」爲行文媒介？以及爲何「夢」可以爲汝和魚鳥間的聯絡？則無註家言及。且追問是必須的，因夢的出現在文脈和理路都有一跳躍，而不似前段行文之順，因有跳躍則「夢」所代表的意思便不應置之不顧（不論是實指夢或作爲象喻，都應加以說明）。

這兒的「汝」實是指上面泛指的「吾」（自我），但在語氣上可以明白地表示與聽話人之間更緊密的授意，使泛指的吾又直轉入個體（汝）中加以體察。「夢爲」二字意謂著個體間的轉變。從第二章的結論來看，這種轉換可由幾個面向來了解：一是實指日常經驗中的夢，一是指在一種心靈活動中（如想像）的轉換，一是同此處注家所主，因大化運移而使吾轉換爲魚鳥。但是此處重點是否在直指這些面向中的轉換？由吾與魚鳥的文脈關係中，見可夢爲鳥可夢爲魚，若魚鳥皆夢，而「吾」又何嘗外於此而非夢？重點應在由夢反指「庸詎知吾所謂吾之乎？」的自我並無眞實性！因無眞實性，所以〈齊物論〉首段說「吾喪我」，倘爲眞實，便不可喪；譬如有物堅實如金剛鑽，能壞他物，而自身永不壞，則此物爲一不壞不滅的眞實。但所謂「吾」並不然。比如瞿鵲子章「夢旦」間「自我」的感受分明是變易無定的，如果眞實，則不當以旦的哭泣或田獵對比於夢中的飲酒或哭泣而使此縣隔；在夢蝶一章則設想「互夢」的可能，倘若「吾」爲眞，則不當有所代換；此章亦然。「自我」的形軀與心知都會幻滅，可代換，則其眞實性何在？但我們說「自我無眞實性」是什麼意思？是否連證知「無眞實性」能「喪我」的「吾」都非眞實？那麼果眞沒有眞君、眞宰（〈齊物論〉）？但〈齊物論〉又說：「如求得其情與

〔註8〕 《集解內篇補正》，頁148。
〔註9〕 《南華眞經正義》，頁118。

不得，無益損乎其眞。」豈非又肯定有一不受增減損益的「眞」？

因爲無實在性，所以可夢爲鳥，可夢爲魚。則「夢」應即是指本文中的「化」，夢爲魚爲鳥若大化推移而變易爲魚爲鳥。如此說，該以夢與化意義上的共通性爲原則。在此夢爲除代表個體間轉換之外，並含有不可知的性質；這兩點和化的密運氣機是相通的：有化故有形體的變易生滅，而化機的推動又非「吾」所能知測（若化爲物，以待其所不知之化已乎！）。在整個不知的背景中，「生命現存」如何安排？夢爲鳥「而屬乎天」，夢爲魚「而沒乎淵」——由而字帶出的便是郭注「無往而不自得」，即因有旦宅而善吾生。在此夢則與上文二元等位相接，即夢爲非眞亦非假。這兩點可由最基本對夢的設想而說，夢必有覺，覺而後知爲夢，夢之有變動易改，是其非眞；然夢中吾人有知，此知在夢時爲有，是亦非假。非眞非假，與陳壽昌所說的「幻／然」並解相近。由這兩種性質之交替處即爲「駭形」；然有夢則非假，以非假而屬乎天、沒於淵，是爲「有旦宅」；若不然，則儘可哀樂無節，哀吾生之須臾，終身涕泣；或樂有此生，縱逸無度。哀樂無節，都是初步執夢一偏而然，或以爲全眞而逸樂，或以爲全假而長哀。

最後還有兩個未決的問題，一是由上文說下，既然一般「吾所謂吾」無實在性，「汝、鳥、魚」都不過是一時的暫存，只爲不斷轉換提供憑藉，那是否有一「實在的自我」？一是回看前文未釋的「吾特與汝夢其未始覺者邪？」，是否能得一說明？第一個問題，若由「有駭形而無損心，有旦宅而無情死」以及第一章所建立的積極統一體而言，我們應說是有，但其証知並非易事；這實在的自我並非高懸於「精神實體」而爲一觀念上的認同，而當由「生命現存」的旦宅中脫落無實在性的「吾所謂吾」（喪我）而後可知。第二個問題，由其上下文來說，夢也是作爲上文「所不知之化」的代稱，亦即：「吾與汝是否只在不知之化中，而未始知化與不化的眞相呢？」下文再轉至孟孫氏而說明二元等位（「且彼」云云）。但在答話中間，何暇至於突如其來把「吾特與汝」安插進去？關於這點，個人並沒有較好的解釋，只得闕而不論。

再看「不識今之言者」三句。以「不識」和「其覺者乎？其（抑）夢者乎？」爲言，並非要帶出覺與夢成一對比，而是以疑詞來等同夢覺。不識其爲覺抑爲夢。亦即不辨，夢亦可，覺亦可，甚至覺中有夢夢中有覺。這不辨夢覺是指什麼？相應於上文又具什麼意義？

郭註：「覺夢之化，無往而不可，則死生之變，無時而足惜也。」〔註10〕
以覺夢對應於死生，作爲現象（或經驗）中的變化，覺夢不辨而皆自得，於
死生亦然。成疏則更進一步：

> 又不知今之所論魚鳥者，爲是覺中而辯，爲是夢中而說？夫人夢中，
>
> 自以爲覺；今之覺者，何妨夢中！是知覺夢生死，未可定也。

「何妨」二字更見酒脫，而歸結於「未可定也」，更見「不識」之意。這相應
於上文而言，是一層大收束。生死問題與情感的調理，固可如以上鑿鑿言之，
有一番講明，但這講明本身相較於生死問題而言，彷彿明白如覺，亦若無知
如夢。則要了解死生，卻不若由不辨死生覺夢始，不辨現象、經驗的對比分
立，則心靈只是一體，對應上文而言，最初爲在工夫中純化的守氣，再爲孟
孫氏的不辨死生先後，爲「有駭形而無損心，有旦宅而無情死」的天人等位，
爲孟孫氏的有情而不以情傷身，再爲夢爲鳥而屬乎天的同觀眞假，都是一體。
更重要的是在文脈上，承接「汝夢爲鳥爲魚」的解消一般自我實在性中，建
立另一義實在的自我──不再由任何對列狀態（彼我、我物、生死、夢覺）
中認取的眞我。由一體，再說另一層收束。

> 造適不及笑，獻笑不及排，安排而去化，乃入於寥天一。

由哭泣說起，收束於一笑，文章安排頗可觀。這一收束有三個重點，一是不
及。一爲「安」。一爲入於寥天一。這三者由上面不如不辨死生，說「生命現
存」在生活中的實際對應之方。

兩個「不及」指「適意──笑」，「笑容──排（推移）」都是出於自然直
發而成，根本不假人力。

如此便說「安」。哭／笑都是天機發動而自然如此，「死生」也是成於自
然，也唯有安於推移；既「安」，便只見一自然的氣機，而不見有死有生。

如此便說「乃入於寥天一。」只見一自然的氣機發用，便體合於最終的
精神實體。「寥天一」同指一物，而分狀其性質。鍾泰說：

> 天也，而又曰寥、曰一者，寥即前云參寥，（按：亦見〈大宗師〉），
>
> 言其虛寂也。一即前云一氣，一化，言其不貳也。〔註11〕

以「天」爲「生命現存」的最終歸宿，以寥一狀此精神實體的特性。

─────────────────

〔註10〕《莊子集釋》，頁277。

〔註11〕《發微》，頁161。

第四節 小 結

以上已略將〈大宗師〉另一章作一詮解。原文夢字和疏解的部分雖然不多，但夢字卻足以總攝一章的大意。

「且汝夢爲鳥而厲乎天，夢爲魚而沒於淵」，我們以幾點來看它和前段文章的關係。

1、「夢」作爲象喻的「化」而言，與本章所說的死生主題相關，亦與死生推動的氣機密運相關。

2、但就生死作爲現象中可感知的形體變易而言，本是幻象，即以孟孫氏的心境說，則本無生死。「夢」指涉「生死」異變亦可喻爲非眞實性。

3、夢爲鳥而厲乎天的無往而不自得，則通於有旦宅而無情死，隨化而安於化地「善吾生，乃所以善吾死。」

4、「夢」所指喻的非實在性，則在文脈中促成對一般性自我的反省，在這最根本處剝落一般性對「自我」的認同與把握，而同時說明生死問題可由「自我」的重新體認而得一觀照。

就「不識今言者，其覺者乎？其夢者乎？」則承接上面第四點，使夢覺等位而心靈渾合復一，進而說明：

1、「適意——笑容」是自然而然，則只須安於適、笑之機。

2、「安排而去化，乃入於寥天一」，由心靈的翕然渾合，而復歸於寥一之天。則夢覺的渾合與此章由守氣全神合天爲「生死」問題新觀照之旨亦相符。

由此講明，則知孟孫才何以哭泣，何以哭泣無涕。

第四章 綜 論

　　綜論這章，將試圖對前面三章夢所指喻的觀念加以貫串與開展，並儘量避免與前文重複。而這一步工作的必要性，在於兩篇中各兩章以至四章之間，本都有共通的義蘊，前文分章疏解原文，則未暇及；而疏解原文亦多所疏漏，不曾將關鍵之處點明盡釋，本章試再求其觀念的會通；也因此各章表詮的細節亦非本章所能一一注意。而為能使綜論有條理地展開，先對前三章做一回顧，然後找出幾個關鍵點與相通觀念，為綜論的主題。

　　本文既以夢為主題，因此單就前三章的疏解來看《莊子》內篇夢字作為觀念的幾個類型及其相應的論題。

　　在瞿鵲子問長梧子一章，夢是具有發展性的，由第一層，夢覺是一樣的，都在妄知妄情交作中，「夢」尤為顯著，象喻「眾人役役」而不能自明的一般心靈運作；第二層，以大覺對比於大夢，「大夢」為前一狀態中「夢覺」的統稱──消極性統一體的「非明覺性」；而大覺為能觸會於道的積極統一體──滑疑之耀；第三層以夢直接象喻滑疑之耀的演用，夢帶覺的明覺性質，覺具夢的渾沌意味，夢覺復歸同位。在此關涉的論題是以夢象喻吾人生命心知的種種樣態和境界，而且不只如心理學般陳述「樣態」之為一事實，更求此心靈有一昇進──超越性意義，亦即「夢」在第三層象喻中所表述的境界，及其作為消融第二層的「演用」歷程而言，是帶理想意味（指向「聖人」）的心靈境界與心靈作用。

　　在夢蝶一節，我們的歸結是夢作為一種特殊經驗的形成過程，但必得透過夢覺的並存才能完全開展「物化」的意義。在這兒夢可以是兩個角度（不同於層進的分法）的意義：一是作為喻依，指向一近似於夢的經驗；一是指

向神秘經驗。但經驗本身都不是重點，本章的論題集中在「物／我」關係的討論——藉由「夢覺」並視來表達重重無盡的心靈豐富其自身內容的歷程。而在完成這豐富內容的心靈背後，我們亦說其包含著「翻轉之翻轉」的善巧的思惟方式。

在眞人不夢一節，我們確確實實地把夢放在最平常的意義中來考察其形成的原因，並進一步設想不夢如何可能，及不夢所象徵的精神運作方式的革命，在此我們引進莊子的「心齋」觀念，帶出「氣虛而待物者也」的氣與神的關係，而說明在一般心知作用之外，更有理想的心靈結構和運作方式，而以精神之自由爲此部分之最重要歸結。

在最艱難的孟孫才其母死一章，夢象喻著「死生」作爲現象上的變化；又象喻夢方其夢時的生命處理問題：屬乎天（善吾生）；並以此變化和屬乎天的並論，說「吾」的非眞非假的兩面；最後以夢覺渾合不辨，純任自然的「化」而入於精神實體：寥天一。這裡我們亦由「化」而帶出「守氣」而全神合天的實證境界，在這實證境界中才說明氣化作爲變化的推動因素，以及心象中如何有生死與本無生死，以至於情感上不以哀樂好惡而內傷其身的心靈狀態。

由以上對前三章疏解夢所得結論的複述——觀其類型和關涉的論題。以下我們將分幾部分來談。

此中有一絕大的問題是前文隱含而未顯露，亦即我們一直說（批評）尋常知見、妄知妄情、一般（習知）心靈運作、計度……等等，那我們究竟憑什麼「知道」心靈的另一種可能？前文以「夢」統稱日常經驗的這一面，即在夢蝶之例亦具某種不可知的性質（不知周也），必待「俄然覺」才見心靈的另一種可能，但憑我們所謂「深觀」與「翻轉的翻轉」即成嗎？爲知這深觀與翻轉不是在計度之中？不是習知心靈運作？這裡需有一超越性的保證，這超越性的心知功能是什麼？這是此部分首出的問題——貫通於夢覺間的徑路是什麼？這徑路帶著什麼覺的性質可以使夢上昇於覺？又是什麼夢的性質，使其可以滲透於夢中？

其次在〈齊物論〉的兩段裡，最後都說等同夢覺，而且等同是建立在某種思惟方式——依於精神實體的深觀之上，因此得加以說明。但深觀作爲實踐工夫與心靈境界的雙重特性，不但貫通在四段之中，而且是這四段中各種觀念的總源頭：夢覺「分／合」所表現的深觀，莊子資以建立積極統一體；由夢覺同位重建「物／我」新關係；由「耳——心——氣」的實修深觀而凝

神不夢；深觀生命現存的生死問題，進而不辨生死，安排而去化，皆依於深觀。因此雖在〈齊物論〉爲顯，在〈大宗師〉爲隱，但做爲首出的通義，我們放在最後一節。

在〈大宗師〉的兩章中，不夢必然關聯於養氣，而死生問題的形成與解決又與氣化和全神相關。卻不知（不）夢和生死問題間的關係如何？能以「氣」聯結而加以說明否？

再由氣虛、守氣所表徵的神的角度說明什麼是「不死不生」。不死不生是否即是長生不死，或是永生？如果是，則所謂永生是什麼意義？如果不是，莊子所表現的獨特性又如何去理解？

以上兩則主要由〈大宗師〉中抽繹出來的主題。我們在第二、三節中討論。

第一節　論夢覺間的通徑

論題之導出前文已略略提及，個人以爲這是討論夢以至夢覺首出的問題。覺是相對於夢而提出，但夢蝶一章，由最淺的一義來說，（參圖二）夢主（可爲蝶爲周。當其爲蝶，則周之覺亦夢）的不定造成的「覺亦夢」，並非一閒來無事不關痛癢的懷疑（不知胡蝶之夢爲周與？），而深切指出吾人役役於日常活計，雖自以爲覺，猶如不覺，亦如一夢。亦即我們一般意義或一般經驗中的覺並不具太大的意義——對於吾人「眞正自我」「生命眞實」的「覺醒」而言。此經驗中的夢覺所以可統爲一大夢（瞿鵲子章）。既然如此，「且有大覺而後知此其大夢也」的大覺如何而來？這大覺如前文我們說其爲積極統一體，雖由深觀而建立，但爲知深觀的自身非一大夢而本無大覺可言？此其一。且即假定深觀可建立大覺，則深觀的初露曙光由何而有，由何而見？此其二。亦即：倘使吾人永遠不能脫離純粹的經驗性層面，則人永遠是一種爬行的動物：行不能速而及遠，眼不能高瞻遐矚。而且即使我們試圖在理論上——包括透過象喻的方式——說明體驗生命的新參考點，當其落在爲「大夢」煙霧籠罩的實際生活——生命現存的心靈所能體知的諸般內容而言，皆無妥實性與眞確意義。「人之生也，固若是芒乎？其我獨芒，而人亦有不芒者乎？」（〈齊物論〉）因此我們若不在這種截然二分的情況中，找出貫通在夢覺之間的徑路——一種中介傳動，則大覺亦只能是一夢（想）。而中介傳動所象喻由覺而來的智慧曙光必依於某種超越性意義（覺），不然亦還如一夢。但這超越性意義

如何加以肯認？這又是一重兩難。（意即這又將有無盡延伸的「保證」的困境）這將在說完中介傳動之後再加以說明。

　　首先我們考慮這中介傳動當具有那些性質。這一層考慮是為建立中介傳動的確實性。亦即它如何帶來超越性的曙光在性質中加以釐定，而後可以加以肯認——否則仍是理論。因此其第一性質必為吾人所能感知，亦即它需不離經驗之感知，這也是其實在性確認的第一步驟；再者又需不完全像經驗，帶有超越性意義，使經驗感知能上昇而與之相遇。因此我們說這曙光最基本的性質是一種不純粹的介質，不純是超越的（覺），亦不純是經驗的（夢），正有這不純粹的介質作為兩面間的傳動，才使生命現存的心靈飛昇成為可能。

　　這介質在《莊子》中稱為什麼？我們看〈齊物論〉：

　　　　（故知止其所不知，至矣。）孰知不言之辯，不道之道？若有能知，此之謂天府。注焉而不滿，酌焉而不竭。而不知其所由來。此之謂葆光。

　　　　故昔者堯問於舜曰：「我欲伐宗膾胥敖，南面而不釋然，其故何也？」

　　　　舜曰：「夫三子者，猶存乎蓬艾之間，若不釋然，何哉？昔者十日並出，萬物皆照，而況德之進乎日者乎？」

這段文字殆可分為三小節，先說天府，其次說天府的某種情況則謂之葆光，第三小節則以一實例說明何謂葆光。這種的安排便很富趣味。天府是「不言之辯，不道之道」——正是超越性的意義。這超越性意義由兩面而見，就其為「不言之道」，是指其非言辯所能及，亦即不是吾人一般心念種種，以及思想等；就其為「辯道」而言，則天府又必然為一種動力或原理本身。而人的生命現存之所以還保有一點希望，「實踐」工夫還有一始初起點的確定性，就必然得透過由天府而來的一點訊息——葆光。否則便昏天暗地。

　　接下來我們直接說實例。連接上述超越的天府，和以下所說經驗可把握的覺知，便可透出葆光。就這實例來說，是用以表達「覺」始初起點的可能。在堯的感知裡，他很特別，不似一般窮兵黷武的獨夫，當他要攻打文明未備的小國（宗膾胥敖）時，並未視為理所當然而趾高氣揚，反而覺得「不釋然」——隱隱而又真實的不安。「欲伐」，自是戰爭，但隱涵著由見解立場不同而來欲征服對方的暴力，並代表日常經驗較明白浮顯可知的想法與決定，一般帝王皆可有，且同為世間所肯定不疑；「不釋然」則透過堯來表達，代表較細微深隱難測的心思，必得有一敏銳的心靈加以察覺，並且，加以取認。這「不

釋然」是個關鍵，但如何知道這即是「葆光」——不純粹的兩面性質？這不釋然是不知所以然的一種不安，因此不是由任何現成的、已知的規範構成壓迫；而且不安只是感知，因此亦非規範造成的命令；而整體感知又對現行想法行爲的批判——「欲伐宗膾胥敖」的不是，這三者（不知所以然，非規範命令，批判）恰正符於天府：不言之辯、不道之道。這是其超越意義。而就其可感知而言，又是即此生命現存的經驗可有的。「對話」在《莊子》中是必需的形式，透過舜把「其故何也」說出，是表達出「不釋然」爲堯舜可共知而具普遍性效力。並非堯絕對不自知，只是若爲堯一人自言自語，則又落入夢的可能困局。舜以一比方來說明堯的不釋然是因於什麼。比方中以「十日照物」和「德進乎日」作一層遞之增強，表達什麼呢？十日並出，在上古神話並非可貴的天象，反而是毒害萬民之事。因此「照」在此宜從錢先生說解爲「灼」。若「日」自以爲有益於萬物，群集天空無限散發其光，反而終將使物焦傷。何況在人之（自以爲）德，而必以德臨人，則其爲禍爲患，豈非又遠過於十日？以此表「欲伐」的想法、行動本身的不足與缺失，堯固有其德，然若以此德自恃並強加乎萬國之上，此正世間多亂之所由。所以從堯的生命中自然地透露出隱隱的不安。此不安、不釋然，因不知其所由來，又對世俗所行有所批判，故同時表徵爲具超越意義的眞理之符；由其隱微難明，故是眞理之光微露其朕。由此舜對堯「不釋然」的詮釋，結合實例經驗與理論地命名，「葆光」表示不釋然來源的歸位（超越意義），並指向在具體事象中必然附隨的功用（可感知、批判性）。

把「覺→夢」（下貫）和「覺←夢」（上通）的雙向可能做一說明之後，要解決的問題是「庸詎知吾所謂知（覺）之非不知（夢）耶？」……天府本身何以不是夢，而具有超越性意義？是更大的問題。上文說大覺還如一夢，是就心靈渾合的意義而言，此處問題在於對天府之能知，如何證明其便是大覺的心靈渾合，而非滑湣役役的計度與亂闇不定？這使得就著葆光本身來說，從純經驗層面與對超越層面的純理論設想均無由解決。（因這樣的解決都不免一偏而還如一夢。）

關於葆光，焦竑：「即知而不知之謂。」成疏：「葆，蔽也。至忘而照，即照而忘，故能韜蔽其光，而其光彌朗。」〔註 1〕崔云：「若有若無，謂之葆

〔註 1〕　《莊子集釋》，頁 89。

光。」〔註2〕姑不論三人所釋是否與本文論旨全同，葆光的兩面性格卻是共識。在經驗界中感知的超越界訊息雖不明朗，亦不持續，但仍若有若無，若隱若顯。這便和我們前面所說介質的不純粹的兩面性質相符。方其乍現，或有能知，或有不察；即使知之，或可不識其義，如莊子以堯啓問：「其故何也？」；而如何能識其義便是我們要加以探討的。莊子在此說：「而不知其所由來。」說不知，是自其由來而言若詳推始源，仍難確知；而其由超越界而來的這一點則不能由「確言其所由來」而講明與保證，唯有透過內證的方式。內證才具有「實踐」的經驗感知的意義，以及對某一訊息進一步加以確認的心靈活動。當試圖由「確言其所由來」而加以講明與保證，固可有理論之意義，但對內證本身則無助益；並且在內證之前，人亦可有任何理由推翻確言所要達到的講明與保證。

就此唯有「內證方知」的意義而言，「深觀」的實踐工夫才能開始運作。亦即「包括我們對深觀的描述已不再受到經驗限制與一般反對意見的干擾，因根本上有一差別。」而內證方知與深觀之間是否有一必然的繫聯？內證本身在不落入循環式「以夢解夢」困局的意義之下，這一活動必然先有一超越的感知。但這超越的感知又必須有一自身的保證。這一自身的保證，雖不再假設一超越於超越感知之上的心知或天府之天府，但就其加以肯認此「超越心知」的活動而言，它又稍與此心知有別而加以超越。這種內在性的超越與此超越意義（活動）所包含的統一性便與上述的深觀相等。而前面所說葆光需一敏銳的心靈加以察覺並取認，亦如深觀之對生命經驗的總觀照。

最後我們要解釋：葆光何以不是平日習知的心靈運作？在堯舜對話的實例中，我們說「不釋然」這一關鍵即葆光，不釋然以三種特性和天府相符，而最重要的一點是「不知其所由來」，表示這並非生命現存意圖中所要求或所能控制，而是自然地表現，直接地呈顯於心靈的感知內容，這是葆光與「役役」差異之一；我們亦可說，當面對生活中諸般事件，我們處理的觀念、方式亦可有若由天降而不由「我」試圖、思慮的意向而決定，然葆光所呈現卻又非觀念，「不釋然」只是一種隱隱然的感知，隱隱然而確定，（亦即不言）此爲差異之二；差異之三是堯雖然仍「下問」於舜，但若不下問，這不釋然在堯仍爲確然的，或如前文所解，對話更在表明不釋然具有普遍性與相通性，則這光雖不知其所由來卻不昏昧無定；反觀滑涽之知以及夢中的辯論則永無

〔註2〕《莊子集釋》引《經典釋文》，頁89。

斷期，唯有亂闇不定。由以上三點經由內證的經驗，可說葆光確可作爲吾人離夢入覺的徑路。

由對葆光的說明，回看〈齊物論〉中論夢的兩章，我們才可說「且有大覺而後知此其大夢」和「不知周之夢爲胡蝶與？胡蝶之夢的周與？」的覺知與反省爲具有理想性眞實的意義，而不又陷落回役役的計度之中。由《莊子》行文的安排，亦可見天府的超越意義和堯舜對話兩者爲兩端，葆光居中，指涉由天府下貫至經驗，而經驗中亦可上通天府的一種動態關係。而「夢」作爲人生命現存混沌未開昏昧無知的狀詞時，葆光便作爲進入覺的鑰匙。

第二節　論氣在「（不）夢和生死」間之關係

這點主要爲〈大宗師〉所論，但也貫穿在四章中爲一共同的議題。在夢蝶一章，我們說其可有「同層流轉」一義，是見夢與生死間相指射的一面；在〈大宗師〉裡，若併聯兩章來看，便更明白而有趣。論不夢是透過氣虛而神清；而夢所象喻的氣化又有對生命現存的肯定，與唯是氣化本無生死的意義。以上是就氣在「夢和生死」間作爲宇宙論意義的探討。而在瞿鵲子章，氣是隱而未發的，夢和「生死」間的交互指義是落在如何建立生命積極統一體，以面對吾人生命及世界中，眞理與價值的聯繫上而言。先試著說明宇宙論方面的意義，再回看瞿鵲子章。

關於「心齋」一段論氣，第二章已略提過。而氣虛以至「全神合天」也已在第二章引〈達生〉篇文字稍加說明。這一合看，便知爲何要以氣作爲「精神能量」的理由。亦即猶如「無損心」我們說是精神實體一般，莊子雖論氣，且在根源處講氣，但並不以物質爲宇宙存在的最後依據。

而以氣作爲「心齋」實修的最後依歸的理由何在？這需從前一節說來。我們何以說「葆光」？葆光非惟表面作爲貫通夢覺的徑路而已，在這背後其實預設心靈的二分。心可夢可覺，夢中役役，覺者愚芚。役役是一般狀態，但不眞實；愚芚需經培鍊，雖非生就，卻有實在意義——至少在《莊子》中是這麼看。深層的「心」平常只以葆光形式出現在吾人的感知之中，若要回到深層的心，則需先放下夢中之心。這是會有心齋的第一步理由。那夢中之心與深層覺心（以下且以天府稱之）爲何具有不相容性，必致漢賊不兩立的境地？以及氣如何成爲心齋的歸宿？前文曾將氣和神放在同一層面，說其爲一體兩面，也曾說守氣而全神；又說神從不間斷其作用，以及氣可因心定而

定，心擾而擾。氣因心擾而擾，神因氣擾而有蔽闇，在內證的境界中，更能以其覺統觀這心知擾亂無定的夢，這是需有「無聽之以心，而聽之以氣」的分別，而放下夢中之心的理由。至於氣與神何以是超於夢中之心，可由兩方面來說，一是在內證中體道，而具備長梧子所說聖人的生命特徵中的種種心靈境界自知；再者，在內證中，生命心知中種種紛擾的現象與這現象所造成的困惑，才被照明為障蔽著氣與神的原具性能，而以氣與神為其根本動力，氣與神的無限性，不透過言辯來處理世界（天府），又可以運用一般心知的分別功能（此方見其無限）；一般心靈運作，以其有限來約限氣神恰成一倒轉；回歸氣與神，因此氣與神透過內證並非只和一般心知平列的另一面，另一種方式，而是超於一般心知的。這便無怪乎《莊子》有許多對夢中之心的狀詞：成心（〈齊物論〉）、心厲（〈人間世〉）、機心、賊心（〈天地〉）。

以上對氣與神與一般心知間的層次加以定位之後，底下要依此說明守氣全神與夢和生死間可能的關係。

當生命現存仍停留在經驗有夢之際，氣與神則常陷溺於一般心知的擾動之中，如第二章第二節所說。這樣的陷溺可由各方面表現出來，如「真人之息以踵，眾人之息以喉。」（〈大宗師〉）在呼吸這項與氣相關的生理活動上，便可明顯地比較出來。由此則可說心與氣間的互動關係，亦如第二章論心齋處所說：因為互動，故心動則氣擾，心定則氣虛。反之，若斂氣則心亦可隨而變易其一般性質與功能。

在第二章，我們依《莊子》本文說明夢如何形成時，是將耳目之官與官知，以及心知向外界攝取材料，加以簡別，留存執藏、並伴隨種種情緒反應，而後睡眠時以此材料與神交合，變化重現。依於心知與氣之間的互動關係，氣在這時是擾動而不寧的。但在《莊子》，氣又是比一般心知更基本的的生命元素與動力，因此氣的擾動不寧便非吾人生命現存的最佳狀態。而在整個有夢能夢的經驗層次，氣動神昏是一關鍵。放在現實經驗中來說，氣動神昏使吾人在覺醒（形開）時不免於有憂，因思慮必然有所固著；而睡眠（寐）中有兩件事是非自主的：一是不知自己何時入睡，一是夢而不知是夢。對自己生命狀態，有一半的時間與此時間中的經驗是昏昧而不必為自己所能作主，便可回證日常的心知有其侷限性。我們固可如第二章引佛洛姆所說，把人的生存狀態分為兩種，而任其交與兩種不同的思考方式與行動原則。但是，在佛洛姆的主張中，雖表面上已較佛洛伊德或容格圓滿：「夢的心靈機制不是純

為非理性的欲望驅使，亦不全然是吾人潛意識慧光的閃耀。」但是這個主張的缺點我們若如此加以質問便可發現：「夢既然比醒時更聰明，為何不再使夢的心靈機制轉為白日所用？不能如此固因生存狀態為其差異之基本決定，那『生存狀態之決定』又是否必然基本而不可改變……」也就是說：我們若事先滿足於夢所提供的一些洞見，而以為分開「夢／覺」各自代表的心靈功能是一必然的觀點，則我們將仍舊受制於經驗的現成——這是對夢的觀點從佛洛伊德到佛洛姆的融合，依舊隱含的最大盲點。受制於經驗的現成之後運用思想加以解釋圓融，都只是第二義，而不是躍過一層創造性地面對生命，亦即我們並非對自己的「生命現存」深求一誠懇的正視。在這情況之下，即使如佛洛姆所說：「夢時比醒時更聰慧。」這聰慧何如一夢？吾人心知的侷限性並未因夢的聰慧有所改變。這一般心知的侷限性、有所不知、不能自作主宰……也是魂在寐中交合於神而起夢原因之一。

「死亡」的一部分關鍵亦正在此。此亦即深層地守氣上合於天的「神全」心靈若未建立，則死亡的氣運推迫，亦如日常「睡——夢」的自然運作一般，並非我們能在其中有一清澈洞曉的神明來作主宰。只如「其形化、其心與之然」「以待其所不知之化」。

再由另一面說能夢有夢時的心知。在第三章，我們分三層解說「自我」在經驗上的意義。由「相與吾之」「非彼無我」到「非我無所取」以一統一者的我來總含心知情緒紛變種種的多，為「自我」的最高層反省（亦最深隱的經驗性自我義）。此我之所以為最根本者在於，倘無一我（如一魚池），則諸般心靈狀態之多必散落（如池外之魚）。因此有「自我」的知覺是種種心知名言狀態的根本，亦由此根本方生出許多枝葉花果，並迷眩於此枝葉花果皆為此根本所有：「取」。則我們前面所說，單由心知能力的侷限性不能自主來說夢與死亡猶間一隔，更根本地說，當是此以為含具「統一者／殊多之思想、情感」的自我。這與尋常意義的生死觀亦相應——由形軀及其知覺之存在可知和化無不覺的對比而言，若不以為有我，則種種知覺則無由發動（或無所依附），既如此，則形軀與知覺亦可說與「我」無涉，（何者為取受之「我」？）魂則無所取材而如何可夢？而生死又何所著落？

由此再看心齋一段，正符合此處所論。顏子以其孔門高弟之資，聞言當下即悟，因此立刻心齋效應回孔子：

「回之未始得使，實（自）有回也。（按：有字依奚侗說。郭象註：

「未使心齋，故有其身」。）得使之也，未始有回也。可謂虛乎？」

夫子曰：「盡矣。……」

心齋的意義由「盡矣」二字更加顯豁——氣虛神凝最重要的效應便是解消對一般性自我堅隱的執持：「有回」轉爲「未始有回」。

以上只簡單將夢與生死的關係建立在不能自作主的侷限心知和經驗意義的自我知覺兩者之上。由此便知前文所論不夢與葆光的要義。葆光是吾人正視此生命現存而向超越界有所歸向的端點，而自作主宰與一般心知的屏棄則可由不夢所顯示的種種意義達成——氣斂神朗的精神運作結構的革命。亦即對於「死亡」問題的處理，若要達到第三章所說的本無生死，則可由日常生活中，是否經由修鍊，而回到「氣斂心虛而夢不起」來檢驗。回到氣虛而神朗之所以可以達到（或了解）本無生死，可由第三章的一些說法來補充：守氣而全神合天，便可從兩個層面遠離生死，一是氣的層面，只是一個天，在我之氣與自然密運氣機的動態根本無別，這裡便無所謂「我」之生死，而是整個爲一氣化的宇宙；一是由神而言，神之由氣斂而復清的精神實體，亦本非生死等詞的指義可以干犯。這兩層在生命現存的心靈中，只是「通乎物之所造，而遊乎天地之一氣」與物以氣機相遇而一體，根本無所謂「外」物，則亦不再有心知取材以情緒辨藏，供給魂神交合來產生夢境。

若回看瞿鵲子一章，我們可以發現怎樣共通的意旨嗎？知的不確定性與「一般心知／道」間的隔離，由生死夢覺來設喻，可見其雖非侷限（滑涽）和不能充分自作主宰（「夢旦」間的隨境轉情）亦即仍在氣動神昏的精神狀態。進一層而言，氣斂神凝的首要意義正在解散對一般性「自我」的堅執（心齋、喪我），而長梧子亦由深觀夢覺，要求超越經驗給予的現成情境，在消極性統一體（恰即一般性自我）之上建立一積極性統一體——「大覺（夢）」。

以上是氣在夢和生死間的關係。「自我」層次的「喪（我）／建（吾）」是其最重要的意義。亦即對一般性「自我」執以爲實及其執以爲實中種種心知作用的深層觀照而加以超脫。對氣的浮動，役於一般心知而有「我」的意義下說有夢與生死；另由氣的清寧全神而超於心知，合於天而無心知無我，即能不夢而無生死，氣的「浮動／清寧」透過「我／吾」的對比，其與「夢／不夢」「有生死／無生死」的緊密性方更明朗。但「無生死」是否如此簡易可說？是否歷來鍊氣之士皆如佛家所說不再流轉生死？「無生死」究竟指向何種意涵？以下別爲一節討論。

第三節 論「不夢」與「無生死」

從前一節說來，「真人不夢」與生死問題間的重要聯絡在於：不夢指向一般性「自我」及其心知的反省，進而說「自我意識」的消泯——「喪我」的心靈境界可知生死的理境。但我們說「無生死」是什麼意思？而其理境反映出的心靈境界，除「喪我」一詞外，是否可做其他方式的表明？在《莊子》中可提供多重意涵的「無生死」，是否皆為不夢氣斂神凝證知的理境？我們如何立一判準來衡量？以下先對「無生死」的類型作一整理，之後再作整體的說明：

1.1 若人之形者，萬化而未始有極也，其為樂可勝計邪？〈大宗師〉

1.2 萬物皆種也，以不同形相禪。〈寓言〉

案：這是由人形以至以「種」為本，視為在自然氣化中，有個個實體永不枯竭地無窮現形來說「無生死」。這裡的無生死是超於斷割截分之現象，又通串為一，使其約攝成唯有一「永在」的意義。吾人若只觀「永在」，可說無生死。

2.1 孰知生死存亡一體者，吾與之友矣。……陰陽於人，不翅於父母。彼近吾死，而我不聽。我則悍矣。彼何罪焉？〈大宗師〉

2.2 萬物一府，死生同狀。〈天地〉

案：這是視死生為一體的無生死。這一體的建立在於陰陽的氣化之上。就這「通天下一氣耳」（〈知北遊〉）的一氣而說死生一體、死亡同狀。這裡不一定視為有一一不斷受生現形的「永生」實體，而只客觀地說一氣而平視死生。

3.1 死生無變於己。〈齊物論〉

3.2 指窮於為薪，火傳也，不知其盡也。〈養生主〉

3.3 以其心得其常心。心未嘗死……〈德充符〉

3.4 且彼有駭形，而無損心。〈大宗師〉

案：這即是由精神實體說無生死。「不盡」謂其無終始，常心的常意指其恆在，無變無損則指其沒有增減變易。這又不同於前兩種。不同之處，是「心」當為氣更高之指揮。

4.1 適來，夫子時也；適去，夫子順也。安時而處順，哀樂不能入也。〈養生主〉

4.2 古之真人，不知說生，不知惡死。

4.3 惡知死生先後之所在。

4.4 孟孫氏不知所以生，不知所以死。不知就先，不知就後。以上〈大宗師〉

4.5 死生驚懼，不入乎其胸中。〈達生〉

案：這一義的無生死，是從知覺與情感上的不知不辨，是心靈中確然不見有生死之相，情感自不隨著而驚懼悚動。而其根據正在〈達生〉所說的神全。這可以是承前一義而來。

5、……見獨而後能無古今。無古今而後能入於不死不生。殺生者不死，生生者不生。其為物，無不將也，無不迎也，無不毀也，無不成也，其名為攖寧。攖寧也者，攖而後成者也。〈大宗師〉

案：這一義最特別，亦最深邃，故以此殿後。因其涉及的問題與理境的展開非按語所能盡，且此義與其前諸義亦當簡別異同，故於下文專論。

這一段是女偊以聖人之道教聖人之才卜梁倚，「不死不生」是由朝徹之中所開之理境。〔註3〕這理境是否即前述證知精神實體？抑還有所不同？試由釋不死不生的兩句來看。

固然，「殺生者不死，生生者不生」可如歷來注家視為形上實體的指示詞。憨山注曰：

> 生者，有形之累也。既悟性真，則形骸已外，物累全消，故曰殺生；而一性獨存，故曰不死。

> 形化性全，則與道冥一，而能造化群生，而一真湛然，故曰生生者不生。〔註4〕

王夫之評曰：「『殺生』、『生生』，皆天也。」（《解》頁64）王叔岷先生曰：「殺生者，生生者，道也。道生、殺萬物，而道不死、不生。」（《校詮》頁239）此皆視「殺生／生生」為一義，即總為現象的生滅變化，語句的詭譎並無深義，只說現象變化並不足以擾亂背後的「推動者」。

但若我們直就句法的詭譎來看，並配合下面接著的無不將迎成毀四句，則前說僅得其半。亦即「殺生」兩句，當可作兩層，一是推到背後說超於生、

〔註3〕 見獨、無古今亦皆由朝徹所開，故此處不言日數，與其前「幾日而後能△△，已△△矣」論歷程中漸次成就者不同。可參鍾泰《發微》頁147。

〔註4〕 憨山《莊子內篇註》，卷四頁32。

殺上的真性不生不死；一是就此生滅現象說不死不生。「既將且迎，既毀且成」是否可指向「既死且生」（不生不死）？這符於原句法的詭譎代表什麼意義？

當這麼說時，即對一般所謂「現象」的兩面觀法。亦即：在常人眼中或感知中，因時空架構而有的生滅變易可由另一心境觀照所謂生滅者之本不變易。而這心境所造，即所謂道、天、真性。由這意義說下，更可以理解「其為物（指心靈境界），無不將也，無不迎也，無不毀也，無不成也，其名為攖寧」——即攖而常寧，非離攖而有寧。何謂攖寧？注家於此多有妙解，如：

> 陸長庚：攖，拂亂也。寧者，定義。……謂於紛紜擾亂之中而成大定。此便是不壞世相，而成實相。〔註5〕

> 楊文會：攖者，煩擾也。寧者，沈靜也。兩門相反，適以相成。所謂八萬塵勞，即解脫相也。〔註6〕

> 王夫之：如必絕攖而求寧，則抑恃壑澤以為藏，待沐濕以救涸矣。
> 天下無非獨也：無我也，無耦也；無毀也，無生也。將、迎、成、毀，攖者自攖，而寧者自寧。〔註7〕

在「即攖而常寧」的解釋下，「不死不生」的意義方才推到究竟：包含了第三類精神實體不死不生的恆在義；亦含第四類不知死生先後之所在之心境中本無生死之相之義；而說兩面的不死不生，心體的不死不生，與物的不死不生。這一義的不死不生伴隨的許多問題，需逐一加以討論、即常人眼中明有時空中的生滅變易，則此處無生滅變易為如何？其次，此處所指聖人修道所見理境的無不將迎，與第二章引〈應帝王〉「至人用心若鏡，不將不迎」應指涉同一心靈境界，何以語言上又相矛盾？最後，我們需由此不死不生回看生命現存如何安排。

我們說「生滅變易」，時空架構是其先行條件，亦即脫離了時空架構，生滅變易全成了不可理解、不可言說。這裡便需進一步討論時空的問題。以《莊子》的文獻——「見獨、無古今」二者的各種詮釋中，《纂箋》中錢先生按語謂其為「無空間相，無時間相。」這可由禪定境界證知。亦可見時空並非客觀實有，而可加以研究者，因若為客觀存在，時間姑不論，空間本空而容物，則根本上為不可毀者（非實體物）；而為修道者（如，卜梁倚）在「喪我」之後，會自然

〔註5〕 《南華真經副墨》，頁270。
〔註6〕 見《纂箋》引，頁53。
〔註7〕 《莊子解》，頁64。

消褪的主觀架構。〔註8〕既不將時空架構置於所謂世界之中,則生滅變易便不存在;而由「無不將也,無不迎也,無不毀也,無不成也」說唯是一「定在」,而無時空、生滅等現象,亦即將迎成毀之攖,實皆爲一「定在」之寧。

　　但此處「無不將也,無不迎也」與「至人之用心若鏡,不將不迎。應而不藏,故能勝物而不傷」之間又當如何調節?「不將不迎」是由鏡面本身說其根本無意於將迎,亦即鏡面本身非受將迎之象而動;「無不將也,無不迎也」則就鏡面上各種「定在」的呈相而言,見鏡面虛而能容。若鏡的「應而不藏,故能勝物而不傷」正是此處的「攖寧」——攖即「應/勝物」,寧即「不藏/不傷」。亦因不藏故能無不將迎成毀,可見意皆連屬相通。最後,我們當問「兩門相反,適以相成」的不死不生之義如何與生命現存的安頓聯繫?「攖寧」很重要的一義,在於必定建立在喪我之中,由喪我方證知清凝之神,神中才能具此兩門。不然,在消極統一體中,對立狀態森森肅肅,則唯見攖而難保寧。既然如此則所謂兩門便應不是對立狀態下的「二」,而整體由精神實體說具此兩門。必得如此反覆的意義在於說明第三章所說;精神實體非高懸之觀念。亦即證知精神實體時,必定解消一般性的「自我意識」,而入於〈知北遊〉所說的「彼其眞是也,以其不知也」的不知。否則說有一精神實體則如彷彿構想一高乎現實有限之我而別有一超我;亦即,在解消消極性統一體之上,到全神合天之間,還可能出現較細微而高於一般性自我之自我意識,如此都與氣虛神凝的體性相違,而不免於兩種狀況:與「非我之對列」及「自我意識」之有無(生滅、生死)。由此辨別,欲說此精神實體,則當並說其用,或說有體再將以撥無而成爲恍惚之意;如長梧子說大覺必說「亦夢也」,便是撥無而成恍惚之意:說無損心必說有旦宅而無情死,是並說其用之表現,否則將墮入由「大夢」(夢 2)中的自我意識及其幻化的各種粗細變相。此處便要由並說其用的「有旦宅而無情死」說明吾人生命現存的安頓。此語在第三章裡,是以「善吾生」者,乃所以善吾死之義來解說。這三句的意旨都指向:

〔註8〕　時空架構依康德(E. Kant)的批判,是使吾人經驗可能的先行條件,而爲主觀(在人)的純粹直覺,並非客觀存在的。見康德著‧牟宗三譯《純粹理性批判》,頁 119~176。並參看勞思光《康德知識論要義》頁 52~69,同書頁63 說:「如果我們抽去內在直覺,及僅由內在直覺而可能的外在直覺,而將對象作爲物自體,則時間即成虛無。時間只在與現象的關係上,有客觀有效性。時間僅爲我們心靈的主觀條件,離開心靈,則沒有時間可說。但對於一切現象,或在經驗範圍中之一切事物說,則時間爲必然客觀的。」

不以生死爲心之所對，而使心靈層次與理境皆超於生死，由此心境起觀吾人生命現存而說。因此此處的有旦宅並非眞的執定有一自我意識之「我」，而於求有以增益附帶之事上用心——如〈逍遙遊〉中所說：「知效一官，行比一鄉，德合一君，而徵一國者」一類，而使心安於吾人之生命現存，卻又超於一切所對（而死生爲所對之最），若以此義看夢蝶一章亦然。等同夢覺而後說「周與胡蝶，必有分矣」由其有分（ㄈㄣ）別進而各安止於其自然之分（ㄈㄣˋ）（《校詮》頁 96），這亦由心靈之起於經驗給予的限制（夢覺、周（我）蝶（物））之分立，而直安此無所對之心之所在。總述其理則曰：「攖寧」曰「兩門相反，適以相成」。

　　以上爲第三節，我們由對「本無生死」的探討，發現《莊子》中有不同類型，而將其最高的類型歸於「攖寧」。因爲其涵攝性最高意義最完整。而攖寧「兩門相反，適以相成」之義是在解消一般性自我之後，依於神／天（精神實體）而具之用；由此根本不與經驗現象對列之心，（原亦爲喪我之後之心靈境界，由時空架構之說明可見一斑）遂能眞超於生死現象之上，復安於此氣化偶生之旦宅，此正第三章所說「夢爲鳥而厲乎天，夢爲魚而沒於淵」之義。在這意義下的不死不生，與道教說的有仙可成的長生不死，與基督教所說地球人世之外有一天國之永生，並非相同的類型。因爲這兩者先執定吾人經驗有生有死另求有一不死的時空與自我。而這種統兩門而相成，又超於一切對列現象之上之心靈爲何心靈？則在下一節中討論。

第四節　論「夢」即「無竟深觀」

　　這節對「無竟深觀」的考察，不只是爲了將《莊子》文中更細的脈絡加以表明，更希望藉由深觀重讀《莊子》本文，試探《莊子》所論義理的眞實可能，而不只如前文作觀念上的聯結而已。「深觀」一詞，首見於第一章，那時我們爲標明有別一般心知運作方式，而給建立積極統一體的心靈運作方式的稱名。用「觀」一字，首是因其近似心靈作一凌照之活動，而如吾人靜「觀」之狀態；再爲仿於佛學中的「觀」義：

　　　　止屬定，觀屬慧，是定慧雙修之義。若就方法來說，止息妄念名止；
　　　　或觀諸法空，或觀法假，或空假雙即，皆名觀。〔註9〕

〔註9〕陳義孝編纂，竺摩法師鑑定：《佛學常見詞彙》（臺北：般若院，1989），頁96。

> 觀體是慧，觀用是觀察、體悟。觀慧有三：聽聞讀誦聖典文義而得
> 的聞所成慧，思惟抉擇法義而生的思所成慧，與定心相應觀察修習
> 的修所成慧。還有現證空性的實相慧。觀是通於先後的，那麼不與
> 定相應的聞思抉擇諸法無自性，也叫做中觀。〔註10〕

在此取其「觀屬慧」，而且通於初修與究竟之義，能觀者心，所觀者諸法萬有，
而空假中（雙即）為其觀理。這裡主要的並不在知識領域中之事，莊子深觀
與之相近，故名為「觀」。因此嚴格說來，「深觀」並非一種思惟方式，亦即
迥異於第一章中批評的計度、滑潛之知等不定的思想、思辨；亦非第二章第
二節中的官知、心知種種作用之意義。即使說是，亦屬特別的思惟意義，亦
即在實修中由超越義的心靈機制起觀。如此，則必然與葆光密接，而需由葆
光說起，為什麼呢？

前文說葆光時，最艱難的部分在於葆光的自證，表面上像是一個耍賴的
詭辯。但當其透過內證方式曉知時，則又無需外在理論的說明與保證。而葆
光的內證程序本身即是深觀。亦即深觀若無法在葆光中確立自信自肯，則天
府必然不為任一生命現存所承認。而深觀在葆光中起用，一方是向心靈中的
感知內容確認，一方又據於一超越性難知的觀照點。這種雙向性的觀照之後，
由此初步觀照而知其「不知其所由來」與日常經驗的心靈機能有別，另外則
需再對此觀照點自證。重重自證，是透過深觀（思惟方式），亦建立在深觀（作
為一超越性心靈機制）。因有多重，故狀其形相為「深」。至於「無竟」，則取
自《莊子》本文，瞿鵲子章末「振於無竟，故寓諸無竟」一語，無竟依舊說，
可有二義：一為無境，指無封疆畛域；一為無盡，表無窮無限心之義。〔註11〕
此處皆取之，見起觀之心為無限心。以下將先以無竟深觀說明前四章，透過
觀理的情狀以確證此真正為莊子義理之所出，而加以說明其真實性，並見此
為四章之通義。不過真人不夢一章放在最後，因夢在此不是一正面觀念，而
由心齋建立不夢的心靈機制與功能才和深觀相關，因此放在最後。

在瞿鵲子章中，我們說大覺積極統一體的建立是由「深觀經驗的全面性構
造」。但這實際落實於吾人精神中時，是怎樣一種情狀？「深觀……」云云是否
只是語言（或文字）上排比的遊戲，而不具操作的效力？試想，是否果真如此
容易，但需對夢覺及承接於生死象喻的「不可知／可知」的兩面加以統觀，便

〔註10〕 釋印順：《中觀論頌講記》（臺北：正聞出版社，1985），頁 6。
〔註11〕 參看唐君毅：《中國哲學原論、導論篇》，頁 255。

足以建立大覺？在實踐上的確不像語言上這般迅捷，但也不是脫離上述說法。基本上大覺的建立已經透過兩重深觀。首先是由個人經驗中的分裂狀態有一自主（或不自主）的超拔，這一超拔的機緣未必可知，但「超拔」之所以可能是依於深觀的。但這一步深觀所觀的對象——夢覺在觀中成何情狀？這和長梧子答話中的「旁日月，挾宇宙」有相通之處，都是先對經驗中彷彿客觀上的實有：「夢覺做為一普遍事實而言具客觀性，日月、宇宙則為經驗中外在的實物」，在我之內眞正體知吾人之心可超於只作為事實之聚集之場、或只與此諸實有為相互外在。第二重深觀才是「且有大覺，而後知此其大夢也」，亦即此心非但可綜觀此客觀之實有，且此心之能超拔綜觀者本身原不與客觀實有相對立，只成為在經驗的分裂與物我的對列中淪沒的心，而是由加以深觀，知經驗中的客觀實有不過是一大夢——如「方其夢也，不知其夢也」的不了解此心。以上大概是以深觀看原文在義理上的意義。後面幾句則是透過深觀再對「義理陳述」一事，而所謂「丘也與女皆夢也，予謂女夢亦夢也」，甚至語意並不在於說誰是誰非，與誰夢誰覺，而是就深觀之心體而言，一有言說與思議（如「丘與女」的看法與「予」的妄言）都還是無實在性的。

　　整個說下，彷彿深觀所觀理即是「夢」：經驗事物的無實在性。大覺與言說雖無實在性，但畢竟長梧子又依深觀而有大覺，又有言說以示瞿鵲子，豈非又是在無實在性中妄計？這裡我們說無實在性是對深觀出發的「經驗構造」而言，但經驗的如夢在深觀的建立中便不妨礙此深觀的超然自在；因此言語（對話）之作為經驗中的事實而言，亦自此深觀而發，而可以不是深觀的淪沒，有限性事物甚且不能干擾，反更見深觀「虛靈」之義。

　　再說夢蝶一章。我們如何以無竟深觀重讀這章？由前一段說來，無竟深觀是對生命現存的實際經驗的特別觀照點，不只是設想性的「凌虛觀照」，更是構成理境地體知深觀「無竟」的渾合無窮與經驗的非實在性。夢蝶一章亦在說明經驗（喻依），亦在說明理境（「既實且喻」中的天均），則與瞿鵲子章有何異同？我們將透過部分的複述以見深觀的自然流貫。

　　以夢比喻化一之活動，以覺表示化主（能化能不化的主體）。就這樣簡單的兩種表示，透過「不知周之夢為胡蝶與？胡蝶之夢為周與？」的疑詞能說明什麼嗎？構成「化一」的基本分殊，由夢與覺而知其分殊可收攝於化主之一；而化主之一又可有無盡夢境，而若化於萬物。萬物紛雜，彷彿無理，實統一於周；周雖蓬然為一，但非貧乏自守，又開衍無窮內藏的涵蘊，所以化

爲蝶。這是「不知」所表的第一重深觀，對（所謂）「物／我」關係的可通貫與豐富性的主題而言。進一層看，周夢爲蝶，固然「周」不自知；但既覺而形分，則蝶有所不見。則何以周有不知，何以蝶有不見，又非我所得而知；不知時不知周夢蝶，不見時不知蝶夢周，而既知有無盡的化一，則不妨「等同夢覺」，是「不知」所表的第二重深觀，對於第一重深觀所達到的了解帶入，但忘去其仍保留的覺夢分立的意識。「等同夢覺」而超脫對立狀態的渾全（覺），仍必有分（夢），既分則安其分（ㄈㄣˋ），只需「自喻適志」，這便是物化，後面所說的是第三重深觀。在此可見深觀是與覺結合之後才成觀，亦即有覺做爲參考點，夢中化爲蝶的意義「化——自喻適志」才能被發掘；這與瞿鵲子章相近之處，在於大夢所涵的經驗領域，也透過大覺的參考點才加以明照。兩處也有不同，瞿鵲子章中的「大夢」是負面意義的無實在性；而化蝶之夢則不然，是說明一些經驗若缺乏深觀則無以成其爲有豐富意涵的事件。但之後的深觀更精澈之處在於：透過覺而進於覺夢之等同之後則「各安其分」是——了解生命現存中各事件、經驗之意義，不再透過夢覺的時分上的區隔與反省而後明瞭，而是由不分別的深觀下貫於各安其分，直接以參考點了解當下經驗、事件的內涵，這是前文說「翻轉的翻轉」在處理經驗領域中，應當歸結出的最重要意義。由此亦知無竟深觀雖層層內返，但並非全無收煞，無歸結，「無竟」二字，但表所依之無限心之意。由此我們可進而說顏回問仲尼一章，且較易把握其意義。

在第三章，我們說「且女夢爲鳥而厲乎天，夢爲魚而沒於淵」可以總攝仲尼答話的大意。而這章所要處理的論題是「生死」的眞相是什麼？至親的過世，我們守喪如何調理情感？這章原文也是透過許多疑詞與自答來推陳仲尼（莊子）的意思。「夢」一方表自我意識的無實在性，隨而「生死」的變化之依於自我意識而有的現象（物象與心象）也易爲無實在性，而不再是心靈中固然確有的事實，卻又不將此「無實在性」視爲「具實在意義地如此」，若如此則必如前文所說必順妄情或哀或樂而無節；故順此「無實在性」有生命現存的另一面的眞實：「厲乎天、沒於淵」，這才是心確然由深觀中建立面對生命的態度，由其理上必須如此，故知仲尼（莊子）之說都非泛泛而然。這點可以和夢蝶一段的「必有分矣」之意相遇。在此就兩段相通之處，我們要問的是深觀何以必對此「分中之分（ㄈㄣˋ）」與夢中的「且宅」加以貫注？「貫注」的實際情狀又如何？是不是爲求深觀的無限性而作的額外的照顧？

抑或當深觀充分呈現它自身自然地如此？我們只有從深觀自身的特性來考量。夢蝶與此章中建立深觀所觀之理爲何？都是就「我」的特殊性（個體、個體轉換的經驗或生死）而觀，達到一無限性的參考點，重新了解出發中特殊性內涵的種種意義，但深觀的普遍性與無限性是否果眞只在此了解？如果是，則它仍是有限的。反而是深觀的另一意義的淪沒仍不能脫離經驗的給予的限制，如果停留在所謂深觀中，則其所知亦不過原先所超脫的一部分經驗。反之，深觀雖然渾合而一無所對，但仍能保持其「虛靈」而轉向對此「生命現存」貫注，則是深觀自身的無限性的創造性意義，這點可與本章第三節比較西方人釋夢的基本觀點一處相參。再者，深觀本身的渾合，使物我、夢覺、生死的分隔都只是深觀的淪沒與誤用，而只見其爲紛立爲雜多，建立深觀而冥合，又直就此深觀之心起用，則當亦是不辨物我死生⋯⋯等的渾合，如此才眞見其力無溢蕩地貫注。此就深觀之體而自然起用種種，即「不識今之言者，其覺者乎？其夢者乎？」由一體而不辨，直任天之排化於此生命現存及其生命中的種種。

最後，我們看眞人不夢一章中，「心齋」由深觀而建，以及不夢由深觀起用而成。前文說及一個問題而未加解決：若耳心都在否定之列，爲何不說「無聽之以耳，無聽之以心，而聽之以氣」？中間還插入一句「而聽之以心」？亦即理論上說只需三句，行文爲何需用四句？此必非無緣無故。個人以爲這是直就實踐上的工夫進程而言，因此層次分明，而有「無△～而○」的層層深進。心齋放在〈人間世〉中，是以如何處理人間事務爲主題，而向內層層探尋何者爲「我可以資以處理世事的心靈狀態」？首先觀耳，發現「耳止于聽」，亦即作爲生理器官而言，耳只是收集外來的聲音而已，在這之中尚有一內於耳的──心；因又進而觀此能辨明聲音種類與意義的心，又發現「心止于符」。兩個止一方面表示耳與心功能有限性，一方亦任其有限，而不越其分而作主。由此內觀，才使耳、心之作用逐漸歇止，而使本來不明顯的氣漸次清澄（虛）。而復歸於氣的兩步「無聽」「止于」也是透過深觀而向內凝定一不分別狀態的心（神）。不夢則由此「徇耳目內通，而外於心知」喪我的深觀待物，物與此時氣虛實皆造化之氣運，相遇而無別，故若有物之將迎成毀，實無將迎成毀，故即此而常定。此則與本章第三節之說攖寧又相通，以無不將迎成毀而隨順，故亦只任其將迎成毀之自然，心知（魂）非我之主，而以神爲主，故無所對，亦無所取材，此處以守氣合又說萬物與我爲一，既已爲

一，又何來起意必「執」其爲我所有，或「拒」之爲我所無？是爲深觀在不夢的部分的兩方向的作用及其結果。

以上是透過無竟深觀重讀《莊子》四章原文的脈絡。在重讀中，又使各章間可相通之處以深觀加以聯繫貫通。在此對深觀略做幾點總結：

1、首先，我們說深觀是直就經驗而起，以經驗事件爲其主題，（在本文則爲集中於生死，夢覺等事件）爲求一參考點以了解諸經驗事件的內涵與眞相而起觀。因此就其修法的實際而言，可由極粗淺的觀法來觀照經驗。

2、而此處透顯經驗之上的超越性意義之心之自證，我們說是透過葆光來確定；而淪沒於經驗中的心知之所以能起觀，亦可由解心齋、不夢時所表示神的無時不用而加以肯認，並依之直就經驗向內起修。

3、由前文整理的跡象看起修的「觀照」經驗並不只是空無所有、昏昏悶悶的觀法，而是藉由修觀內凝其心而證知理境。內凝其心即此心之超於經驗事物、事件之上，而能成一渾合而無任何對列物象的狀態；理境則見經驗種種並非固實不動而足以塑成吾人，反而因無實在性而不能礙擾此心的清寧。

4、因此就「心」的層次因深觀而內依，而解消其一般性意義地與物象對立的實體物，以及做爲統一心象的聚集場，由此深觀的「愚芚無知」而說喪我。由此深觀之建立而後下貫於生命現存——其實，若眞與深觀的無執係、無對列相應，則亦無所謂「貫注」與否，只說深觀即可。此下貫亦爲深觀在義理上的歸結。

5、就深觀的歸結而言，深觀並非往而不返的心靈運作遊戲。建立深觀即爲建立經驗事件之參考點。因此，就其爲處理「眞理」如何可能時，深觀以「夢」爲其依觀之理，從經驗的分裂、紛擾中觀其無實在性，建立依止於道的眞理參考點，又以夢示此參考點渾合不可執係。

6、亦由此貫注，在結合夢蝶與不夢而言，整個經驗領域的事物，都由氣的相通與神的清寧，而得到新的了解與建立新關係。在夢蝶中爲一氣之流，物與我可相通相化而重重無盡；在不夢中則有一貫通在任何時分皆清明不昧的「神凝」，並與物間亦以氣相通，而無自我之感，亦無物在我之外之感。由此整體地對應於大化氣機密運不斷流衍新變的「將迎成毀」，亦皆隨而安止。故不止於了解，還使吾人的受制轉向

爲某種創造性。

7、由此隨大化氣機密運而無不安止，可說不死不生。深觀中的所謂物象，都只是一定在，猶如深觀之心之爲「攖而後成（訓爲定）」者。

8、則總上而言，深觀是實踐上的工夫歷程，亦是義理中貫穿的脈絡與歸結。而在「予謂女夢亦夢也」「不識今之言者，其覺者乎？其夢者乎？」的以「夢」爲依觀裡，更可爲經驗領域說法中的條理與自觀之所依。

9、因此我們可由深觀之內凝，而逐步與心齋的氣虛神凝、〈達生〉守氣全神合天的心體相應，而說其爲慧體；而其貫穿於整個工夫歷程，觀耳心的有限，觀夢覺的可超越，觀生死之本無；並由以上所觀理境而止息妄知（生死之有）與妄情（悅生惡死，哀樂無節）之交作，而說深觀亦爲慧用。

結語——不識今之言者，其覺者乎？其夢者乎？

　　以上很粗略地結束《莊子》四章的疏解與綜論，關於夢字在各章的大意，第四章前已做過簡單的整理，此處不再贅述。此處只略將夢字的通義做最簡單的概括。

　　若將西方對夢的研究與《莊子》作一極粗略的比較，可知其最初的立足點便迥然異趣，這在第四章第二節已提及，亦即雙方對整個經驗世界的觀點造成對夢看法的截然異路，莊子自始便不曾以「夢」為實有，直超於經驗世界之上，故不對其造成的譎怪眩惑的種種而生迷戀驚奇之感，而直說「不夢」。其餘三章都在「不夢」指涉深厚「喪我」「忘迹」的心境中，善巧運用夢的性質來討論某些論題，並表詮莊子所知之理境。由「喪我」開出，說一渾合難知之心境，再由此討論經驗中真理參考點建立之艱難與出路，與生死問題中精神實體的存在，以及作為「且宅」的生命現存有何意義。夢喻為生死問題中的氣化問題而與「有我而夢／喪我不夢」中氣虛神凝的狀態密接；在喻為夢的短暫無實在性卻又確然有所成的生命現存而言，則是忘去生死問題而一任安排，直就此既夢之事實而（依深觀之心）盡其自然之分，此為通於夢蝶「有分」與「夢為鳥而屬乎天」之義；更以夢的渾沌不清，有知而不確的狀態又用以直狀「體道」無知之心本身。而我們最後說這都建立在「無竟深觀」之心之上，就吾人經驗現成凌觀其無實在性，逐步向內凝顯一「即攖而常寧」的心境。

　　而前言所陳對心靈能力及其相對界域二分之預設，亦由透過本論文的說明而見其並非預設，莊子所言都將在實踐中得到證成；至於個人的詮釋則可能被證成，或者，改寫。

參考書目

(含簡稱)

甲　種

1. 陸西星，《南華眞經副墨》，臺北：自由出版社，1974。

2. 釋德清，《莊子內篇注》，臺北：廣文書局，1991。

3. 方以智，《藥地炮莊》，臺北：藝文印書館，1975。

4. 王夫之，《莊子解》（《解》），香港：中華書局，1976。

5. 宣穎，《南華經解》（《經解》），無求備齋莊子集成續編冊 32，臺北：藝文印書館，1974。

6. 曹受坤，《莊子內篇解說》（《解說》）

7. 曹受坤，《莊子哲學》，上二書俱見無求備齋莊子集成初編，臺北：藝文印書館，1972。

8. 郭慶藩，《莊子集釋》（《集釋》），臺北：莊嚴出版社，1984。

9. 王先謙，《莊子集解》（《集解》），臺北：三民書局，1981。

10. 章炳麟，《齊物論釋定本》（《定本》），臺北：廣文書局，1970。

11. 陳壽昌，《南華眞經正義》（《正義》），臺北：新天地書局，1977。

12. 胡遠濬，《莊子詮詁》（《詮詁》），臺北：商務印書館，1980。

13. 錢穆，《莊子纂箋》（《纂箋》），臺北：東大圖書，1989。

14. 鍾泰，《莊子發微》（《發微》），上海：上海古籍出版社，1988。

15. 張默生，《莊子新釋》（《新釋》），臺北：洪氏出版社，1984。

16. 王叔岷，《莊子校詮》（《校詮》），臺北：中研院，1988。

17. 潘柏世，《東方文哲資料》（第一冊・齊物論講述），自印本，1981。

18. 陳鼓應，《莊子今註今譯》，臺北：商務印書館，1989。

乙種（含論文）

1. 錢穆，《中國思想史》，臺北：學生書局，1983。

2. 唐君毅，《中國哲學原論》（導論篇），臺北：學生書局，1984。

3. 唐君毅，《中國文化之精神價值》，臺北：正中書局，1984。

4. 牟宗三，《中國哲學十九講》，臺北：學生書局，1983。

5. 牟宗三，《中西哲學之會通十四講》，臺北：學生書局，1990。

6. 勞思光，《中國哲學史卷一、卷二》，臺北：三民書局，1984。

7. 勞思光，《康德知識論要義》，鉅鹿出版社，出版年不詳。

8. 黃振華，《康德哲學論文集》，自印本，1976。

9. 釋印順：《中觀論頌講記》，臺北：正聞出版社，1985。

10. 陳義孝編纂，竺摩法師鑑定：《佛學常見詞彙》，臺北：般若院，1989。

11. 佛洛伊德著，賴其萬、符傳孝譯：《夢的解析》，臺北：志文出版社，1986。

12. 佛洛姆著，葉頌壽譯：《夢的精神分析》，臺北：志文出版社，1986。

13. 鈴木大拙、佛洛姆等著，孟祥森譯：《禪與心理分析》，臺北：志文出版社，1987。

14. 王曉波，〈「氣」與古代自然哲學〉，收入《國立臺灣大學創校四十周年國際中國哲學研討會》，台北：國立臺灣大學哲學系，1985 年 1 月。

15. 杜正勝，〈形體、精氣與魂魄——中國傳統對「人」認識的形成〉，《新史學》2：3，1991 年 9 月。

16. 唐君毅，〈中國方法論中之個人與世界〉，見氏著《哲學論集》，臺北：學生書局，1990。

附錄一 《莊子》中「生、死」詞組之意義類型及相關論題之考察

摘 要

　　本論文乃以綜論《莊子》一書「生死」詞組的歧義運用，試圖重建討論《莊子》生死觀的基礎。故於設題不標明為「生死觀」，正為《莊子》中對「生死」有其獨特的理解，而唯重新探討其觀念指涉，才是使作者或作品自身說話、呈顯的最佳途徑。我們可視《莊子》一書為一整體，包含「莊子學派」豐富的「生死」詞組觀念叢，為了顯示其超越生死的特殊見解，並區別於一般的討論，因此本論文採取下列兩種方式：一是就全書的語言使用，分析其類型；一即其語言使用之諸類型，考察彼此間的意義脈絡。這兩種方式的構築脈絡乃基於：吾人可視語言意義之運用，皆已預含思考活動的系統。由其語言使用的意義釐定，吾人共得四種類型：1「生死」作為現象生滅的總概括而言；2「生死」作為生滅「概念自身」；3「生死」象徵「可知／不可知」之義；4「生」「死」非相對概念之超越義。後三者表面看來只是字義的引申應用，實則完全不能單純視為字典意義的羅列，雖未必能指實為「莊子的用心定然如此」，但仍可看出「莊子學派」對「生、死」意義的不同理解與處理；故另設一節，詳述此四義之攝受關係，並釐清其層次。而歸結於尋常所謂的生死學討論，只當名為「一般生死學」，亦即只論及《莊子》中所舉的第一類型生死意義，此類的生死意義可名為「生死一般」；而《莊子》中正透過其後三義的語言使用及其關涉的論題，證明「生死一般」只是心知之誤用，成立於語言之二元關係與心念之時間相而已，並非實存的現象，亦非生命的實相。

　　關鍵詞：莊子、生死、時間、空間

一、引　言

　　關於《莊子》中的生死觀，探討的論文還會少麼？我們還有什麼理由與空間，必得重作研究？然而當我們一談及生死，彷彿眾人一同相視而笑莫逆於心，皆知所論者爲何，這樣的共識並不常見。如綜觀中國人性論史，各家皆言「性」，實則除了字符一致外，其字義、理論層次乃南轅北轍；雖如是，又各自以爲是同一指涉，遂爭伐無已。又如克里希那穆提（J. Krishnamurti）與人對談生死問題，最常反問發問者：「你說死，是指什麼？」〔註1〕彷彿還有別個死亡似的，對克氏確實是如此。因此我們確有此必要，在思想文獻上重新確認任何熟悉指符的相異符指，才能進一步討論相關議題。在《莊子》書中的「生、死」詞組亦然，其詞義本非一色而已，但通常只被置於一般問題處理。若要完整處理《莊子》中對於一般生死學的觀點，勢必全面探討包括出入、來去、得失、往來、存亡、終始、夢覺、性命、氣、化、造化、造物者……一系列貌似無關題旨之語彙所在段落，及他對生命蓬垢情態之悲憫、他對生命雄偉氣魄之證量、和曠懷行遊天際之灑脫……等，此一非筆者能力所及，一非單篇論文所能竟功。是以本文一方爲釐清歷來簡化《莊子》生死觀點的研究，突出《莊子》論述的特殊處，不以己見凌暴文本，而使《莊子》自身說話；一方爲使討論有明確的始點，題旨不致散漫無歸，故只欲先探討《莊子》中「生、死」詞組的使用情形，及其詞組所在段落的議題與論旨，以便先釐清名詞觀念之所指，作爲往後討論《莊子》書中「生死問題」的基礎。〔註2〕所謂詞組，是指生、死二字在相鄰的上下文脈中出現，作爲一組關聯概念的情形。〔註3〕當然，這一詞組大部分自是用於指涉一般所謂「死

〔註1〕　可參看克里希那穆提著，廖世德譯：《生與死》（臺北：方智出版社，1995年）。如頁18，23，35，43等。克氏反問的用意一方要問者眞知其所問者爲何；一方克氏自有其對死亡的特殊理解，與一般見解迥異。

〔註2〕　生死詞組與上所舉「出入、來去、……」等語彙，實無法完全割裂討論，故此處只分出主從，非謂文中斷不涉及這些語彙；但亦不以這些語彙爲論項，之所以只分析「生死」詞組，主要是爲了突顯《莊子》中對生死學的獨特理解；其次是想以此文作爲日後研討生死議題的奠基工作，故亦不宜散漫無歸。

〔註3〕　在「生死」二字出現的文獻中，並不是二字永遠連言，單字或單字聯綿成詞實皆有深義可論，如易繫辭「天地之大德曰生」「生生之謂易」；其次二字同時出現時，也不是永遠只是「生死」複合成詞，而多如「殺生者不死，生生者不生」的分用情形。故若考量切合於《莊子》中書中語言使用的實情而言，

亡」問題或生死學，但說這詞組有所謂「使用情形」，已預含《莊子》書中所談及的「生、死」只是符號特徵相同，其概念指涉並非一律，尤其不止於單指生物之「存在／逝滅」之變化，甚至亦可有不必涉及一般生死學之使用（此單指之意義及一般生死學所用之「生死」詞組，可名為「生死一般」）。而生死問題的理解、解決或超越，或亦與此息息相關。所謂類型，主要先分析前述「指符／符指」關係的變易性，視其內涵可歸結為幾種截然不同的型態。第二～五節討論以下四類型：1「生死」作為現象生滅的總概括而言；2「生死」作為生滅「概念自身」；3「生死」象徵「可知／不可知」之義；4「生」「死」非相對概念之超越義。第六節則以生死詞組所在段落為主，綜論前述四義涉及的相關議題。這兩種方式的構築脈絡乃基於：吾人可視語言意義之運用，皆已預含系統性的思考活動，故可進行披葉尋根觀瀾索源的追溯。當然這樣的取徑不免引起某些疑議。如（1）取材總括內外雜篇，金沙不分冶為一爐的作法是否恰當？如何見得全書有此一貫的模式？（2）《莊子》自道其書為「謬悠之說，荒唐之言，無端崖之辭」，這樣的文本豈容任何語義或語言策略的分析？關於（1），歷來討論莊子生死觀，亦無不以全書為題材並冶為一爐，尚未見有人議其非當。故本文設第六節綜述，乃在兩個層面的考量下進行，一是就《莊子》一書的整體性而言，楊儒賓先生說：

> 籠統說來，我們還是將《莊子》一書視為莊子學派的產物，不管他
> 的『作者』有多少人，基本上它是互容，大體不會互相矛盾，這樣
> 的整體觀應當比較妥當。〔註4〕

這並非說內外雜的分別是不存在的，而是說在其差異之外仍有其義理脈絡貫通之處。〔註5〕其次則是在整體通貫之中顯示其差異。就本論文採取的進路而言，若只是羅列意義類型，則彷彿只是字義的引申必然如此而已，且視《莊子》為一字典學範例而已，未必有何深義可說，且書中觀點各自獨立，只成無生命的分割，故必進而論及諸類型之意義層次差異與關係，以看出《莊子》中即使詞組的運用，都包涵無限的啟發與活力，此則惟有透過連貫的闡釋方能展示，而後以此四義作為《莊子》中生死觀點的討論基礎才初步確立。如

二者皆在討論之列，而不當僅限定為「一詞」，此即本文所謂「詞組」。
〔註4〕 楊儒賓：《莊周風貌》（臺北：黎明文化事業公司，1991年），頁23。
〔註5〕 關於內外雜的義理系統之辨，可參看唐君毅先生：《中國哲學原論‧原道篇》
（臺北：學生書局，1984年）卷一，第十二章；及劉笑敢《莊子哲學及演變》
（北京：中國社會科學出版社，1988年）「後編‧莊學演變」部分。

此是否假設《莊子》書中不同身分的作者，刻意聯手爲此意義通貫的理論？此若《莊子》書中之諸作者之有意如此，實則後三義最主要仍出於內七篇文獻，外篇的材料本居輔佐，所以毋寧說是《莊子》書中，透過其語言意義繁變運用的揭示，呈現了多面向對生死問題的探討，解析「生、死」詞組所形成的觀念叢的各別層次，足以展開《莊子》對人心智活動的考察與深度體驗。關於（2），筆者尚不知有任一讀者可完全略過字義的了解而得其理解？字義訓明固然不能保證義理通達，但實未有義理明徹而字義不明的。故本文作意也還只爲奠定基礎，則釐清字義在所不免。第七節略總前義，作爲結論。

二、「生死」作爲現象生滅的總概括

生死詞組，本義自是指生物之個體「出現／逝滅」之變化：

〈至樂〉莊子妻死，惠子弔之，莊子則方箕踞鼓盆而歌。惠子曰：「與人居，長子老身，死不哭亦足矣，又鼓盆而歌，不亦甚乎！」莊子曰：「不然。是其始死也，我獨何能無概然！察其始而本無生，非徒無生也而本無形，非徒無形也而本無氣。雜乎芒芴之間，變而有氣，氣變而有形，形變而有生，今又變而之死，是相與爲春秋冬夏四時行也。人且偃然寢於巨室，而我嗷嗷然隨而哭之，自以爲不通乎命，故止也。」（頁 139～140）〔註6〕

〈田子方〉日出東方而入於西極，萬物莫不比方，有目有趾者，待是而後成功，是出則存，是入則亡。萬物亦然，有待也而死，有待也而生。（頁 165）

〈知北遊〉今已爲物也，欲復歸根，不亦難乎！其易也，其唯大人乎！生也死之徒，死也生之始，孰知其紀！人之生，氣之聚也；聚則爲生，散則爲死。若死生爲徒，吾又何患！故萬物一也，是其所美者爲神奇，其所惡者爲臭腐；臭腐復化爲神奇，神奇復化爲臭腐。故曰：『通天下一氣耳。』聖人故貴一。」（頁 173）

由此「出現」之生，進而有此個體形貌之持續「存在」，亦名爲生，略近於當今詞語之「生命」，而此生命持續狀態之斷絕爲死。這是「生死」的一般意義，也最常使用：

〔註6〕 以下本文中所引《莊子》中原文，皆引自錢穆先生：《莊子纂箋》（臺北：東大圖書公司，1986 年）。於引文後注出頁碼，不另加注。

〈養生主〉吾生也有涯，而知也無涯。……老聃死，秦失弔之。（頁
24，26）

〈人間世〉爲人臣子者，固有所不得已。行事之情而忘其身，何暇
至於悅生而惡死！夫子其行可矣。（頁 32）

〈人間世〉夫柤梨橘柚果蓏之屬，實熟則剝，剝則辱；大枝折，小
枝泄。此以其能苦其生者也，故不終其天年而中道夭，自掊擊於世
俗者也。物莫不若是。且予求無所可用久矣，幾死，乃今得之，爲
予大用。使予也而有用，且得有此大也邪？且也若與予也皆物也，
奈何哉其相物也？而幾死之散人，又惡知散木！（頁 35～36）

〈大宗師〉古之眞人，不知說生，不知惡死，其出不訢，其入不距；
翛然而往，翛然而來而已矣。不忘其所始，不求其所終；受而喜之，
忘而復之，是之謂不以心損道，不以人助天。是之謂眞人。（頁 48）

〈大宗師〉夫大塊載我以形，勞我以生，息我以老，佚我以死。故
善吾生者，乃所以善吾死也。（頁 50～1，55 共兩見）

〈天道〉故曰：『知天樂者，其生也天行，其死也物化。靜而與陰同
德，動而與陽同波。』（頁 104）

〈至樂〉是其始死也，我獨何能無慨然！察其始而本無生，非徒無
生也而本無形，非徒無形也而本無氣。雜乎芒芴之間，變而有氣，
氣變而有形，形變而有生，今又變而之死，是相與爲春秋冬夏四時
行也。（頁 139）

尚有與此相近之義，卻不指生物個體「在→不在」的變化，而只是指一現象
的呈現與變形，或消失。如此或仍保有此個體，然而亦可以「生死」論之：

〈天運〉【夫至樂者，先應之以人事，順之以天理，行之以五德，應
之以自然，然後調理四時，太和萬物。】〔註 7〕四時迭起，萬物循
生；一盛一衰，文武倫經；一清一濁，陰陽調和，流光其聲；蟄蟲
始作，吾驚之以雷霆，其卒無尾，其始無首；一死一生，一僨一起；
所常無窮，而一不可待，汝故懼也。（頁 113～4）

此指樂音之生起、變化、消逝，另有新樂音生起、變化、消逝。「咸池」之樂

〔註 7〕 以上三十五字，依王叔岷先生校，當是注語篡入。見王叔岷先生：《莊子校詮》
（臺北：中研院史語所，1988 年），上冊，頁 513～4。

仍持續演奏，因旋律線的隱顯起伏，樂音實有紛繁的起滅變化。上述三種「生死」詞組的不同義涵，皆可總括爲「現象的生滅變化」。

三、「生死」作爲生滅「概念自身」

其次我們考察〈齊物論〉中的例子：

> 物無非彼，物無非是。〔註8〕自彼則不見，自是則知之。故曰彼出於是，是亦因彼，彼是方生之說也。雖然，方生方死，方死方生。方可方不可，方不可方可。因是因非，因非因是。是以聖人不由，而照之於天。亦因是也。（頁12～3）

這一段彼是、生死、可不可、是非四組對比詞，固有其分別而可視爲「四」組。但若不作此分別亦可，則四組皆可以符號「A/-A」代表，合指一義：「見我之是與彼之非乃相待而立。……則說是說非，乃相因而轉，永無定期。」〔註9〕換言之，「方生方死」語句雖同於惠施「日方中方睨，物方生方死。」（《莊子·天下篇》），然而惠子語之指涉，同前節第三義，專就現象之刹那變易言，亦即「實指現象之狀態」，示變化無片刻或停；〔註10〕莊子則用其語而易其指，專指相反概念的互依相成。則生死看似同於第一節之例，然並未實指任一義，亦不指向任一現象之變易情態，應釋此詞組爲「生之概念、死之概念」〔註11〕。而重在

〔註8〕 此語中「彼/是」之基礎字義在歷來註釋傳統中皆解爲「彼/此」，原即文意所主而無可議。然牟宗三講述，陶國璋整構：《莊子齊物論義理演析》（香港：中華書局，1998年）頁70卻說：「前數句可能有僞誤，以致不甚可解。其一『物無非彼，物無非是』此中彼是不成對偶，彼應與此對，是應與非對，否則難與下文貫通。……但文中都是彼是對偶，故仍從之，……」「僞誤」似不曾以此貫穿著上下文形式出現，又無任何避諱的理由：陶先生的誤解，或來自將「是」字義的單一化爲「肯定爲對的」；其次是未解〈齊物論〉中莊子的文字遊戲，亦即「是」作爲指意符號，並不存在唯一意義，其餘字符亦然。

〔註9〕 見唐君毅先生：《中國哲學原論·導論篇》（臺北：學生書局，1984年）頁139。

〔註10〕 此意可參看牟宗三先生：《名家與荀子》（臺北：學生書局，1985年），頁13：「『日方中方睨，物方生方死。』此是從至變以明差別對立之不能立。由此而言，一切是在變之「成爲過程」（becoming process）中，並無「是」（to be）可言。」

〔註11〕 此義與前節之異，於名家論之較詳。如《公孫龍子·通變》「謂雞足，一；數足二。二而一，故三。謂牛羊足，一；數足，四。四而一，故五。牛羊足五；雞足三。」解釋可參看牟宗三先生：《中國哲學十九講》（臺北：學生書局，1983年），頁215。「謂雞足，一」指「足」之概念本身，故是一；「數雞足二」實指雞足數目，故是二，是「足」落實於具體事物。二者又可以「概念自指」

其「作為概念」之對反關係。

除了對反概念的互依關係之外，同時進言此亦吾人概念了解之基礎。亦即因其互依，故 A 概念總隱示著其對立項-A 的存在，不止概念的成立如此互依，即使吾人的理解 A 亦必以-A 為基礎，倘不明白「死」，則說「生」乃成不可解。一如若無生死，則涅槃亦成不可解者；若無煩惱，何謂菩提？回到四組對比詞，都是相依而立，且同時並起：「方 A 方-A」是說「才肯定 A 同時意味-A 存在之肯定」；「因是因非」兩句，則藉「因」之憑藉義，論四詞組之兩端皆必依其對立項成立自己。若我們為了肯定己見己說，而定貶斥他人之意見思想為非，乃誤以為單憑己方即可獨立成義。故知此段莊子之用意，可以章太炎語作結：「知彼是之無分，則兩順而無對。」〔註12〕

四、「生死」象徵「可知／不可知」之義

同樣在〈齊物論〉，另一段落的生死詞組又表達不同於前節的義涵：

> 予惡乎知說生之非惑邪？予惡乎知惡死之非弱喪而不知歸者邪？麗之姬，艾封人之子也。晉國之始得之也，涕泣沾襟，及其至於王所，與王同匡床，食芻豢，而後悔其泣也。予惡乎知夫死者不悔其始之蘄生乎？（頁21）

此段生死詞組似與第一義相同，實則不止如此。〔註 13〕應說是在第一義的基礎上引申為象徵。什麼象徵？以麗之姬為例，說明人心知的兩面，與由此引生情緒之誤用。她將適晉，但晉的實情她一無所知，卻又兀自虛構其不安、可怖……彷彿對未來種種已瞭若指掌，故對此不安可怖之新生涯預先流涕，如已當身親歷其境一般；直至品嘗到新生涯的快活滋味，才後悔恐懼太多哭得太早。舉麗之姬為例，說明現在／未來的初不相知，而心思又常忘此無知，而以此侵彼。對應此故事之「生死」詞組不復前節之義，主要說明人生情境中的兩面，當釋為已知／未知；配合整節議題來考量，這一小節出現在瞿鵲子問乎長梧子段，主要討論聖人體道及其生命特徵，詞組之義當引申為可知

「名稱實指」區別，參看兵界勇：〈《公孫龍子》「物指」與「非指」之探究〉，《中國文學研究》第五期（1991 年 5 月），頁 137～169。

〔註12〕見章太炎：《齊物論釋定本》（臺北：廣文書局，1970 年）頁 37。

〔註13〕第一節引〈大宗師〉「不知說生，不知惡死」是歸於「生死一般」，此處語句與之近似，何以所屬類型不同？這是考量〈齊物論〉和〈大宗師〉各自的論域不同之故。〈齊物論〉主要是認識論的進路；〈大宗師〉主就存在方面立論。

／不可知。這個架構有何意義？潘柏世先生說：

> 「有無」乃是人底理性運作所接觸到「道」的兩個面相。但就莊子
> 而言，以有無來體認道，這個無論如何都不失爲正確的理解已帶來
> 足夠的麻煩，基於「有」「無」的分別，道的渾一可能就在把握中失
> 去了，若更使「有無」懸隔，「道」獨化的玄妙更難爲人所知，這都
> 是很重大的困難，可以以此回視、通覽整篇齊物論。「麗姬」分隔在
> 原來的家中，而無知於晉王；「生死」是個更爲懸絕的例子，它分隔
> 著此生與不可夢想的身後。麗姬表示的兩面，是可能在某些情況中
> 一同把握的兩面，在這裡最後的領悟是可能的，——猶如夢覺者然。
> 也就是憑著這些，我們去逼近那懸隔得更幽暗更堅固的——生死，
> 有無。〔註14〕

老子的「有無」乃人理解道不可免的雙重性，不論釋爲「可知／不可知」〔註15〕，
或是「以無言道之自體，以有說道生成萬物的作用。故對天地萬物而言，道是
既超越而又內在的形上實體」〔註16〕，實皆以「無」爲無限性，以無限性故不
可（盡）知。然而無既非虛無或不存在，當《莊子》中以「生死」代「有無」
以論「道」（可簡釋爲眞實、實相、眞理〔註17〕），生不止意謂出現、持續存在，
死猶非斷絕消逝之意；這一詞組轉爲表心知之兩面——死表懸絕於心知之外之
彼界，生表經驗可及之此界，故又同可約爲〈齊物論〉之「彼是」，死是彼，生
爲是。若如此說，死似永不可知。但《莊子》中又以夢、覺喻死生。夢覺原本
也象徵不可知、可知，只是人於此兩面卻能貫通而並知。故於心知而言貌似懸
隔的彼是，實可另以一喻明之：

> 〈大宗師〉死生，命也，其有（釋爲「猶」）夜旦之常，天也。（頁50）

> 〈至樂〉滑介叔曰：「亡，予何惡！生者，假借也；假之而生生者，
> 塵垢也。死生爲晝夜。且吾與子觀化而化及我，我又何惡焉！」（頁
> 140）

〔註14〕見潘柏世：《莊子齊物論講述》（臺北：自印，1981年）頁85。

〔註15〕參看錢穆：〈無限與具足〉，《湖上閒思錄》（臺北：東大圖書公司，1988年）
頁144-5。及氏著〈無限與具足〉，《歷史與文化論叢》（臺北：東大圖書公司，
1985年），頁296-9。

〔註16〕見王邦雄：《老子的哲學》（臺北：東大圖書公司，1983年），頁75～82。

〔註17〕「眞理」爲王淮所主，見王淮：《老子探義》（臺北：商務印書館，1985年），
頁2。此說雖寬泛，然暫爲總持之義亦無不可。

〈田子方〉……孔子曰：「願聞其方。」（老聃）曰：「草食之獸不疾
易藪，水生之蟲不疾易水，行小變而不失其大常也，喜怒哀樂不入
於胸次。夫天下也者，萬物之所一也。得其所一而同焉，則四肢百
體將爲塵垢，而死生終始將爲晝夜而莫之能滑，而況得喪禍福之所
介乎！棄隸者若棄泥塗，知身貴於隸也，貴在於我而不失於變。且
萬化而未始有極也，夫孰足以患心！已爲道者解乎此。」（頁166）

若必謂人不能穿透死生之懸隔，但絕不能謂人不知晝夜夢覺之交替。夢覺是
就心知自身言，晝夜是自心知所感之境言。以此二者喻「死生」（總括以上諸
義），死生變化實內在於生命之中，故是「命」（不止地流行變化）〔註18〕，
一如晝夜。在夢，覺爲彼；在覺，夢爲彼。在晝，夜爲彼；反之亦然。如是
則甚至亦無確然的夢覺、晝夜、死生可言，故語義懸絕之區隔分別，在心之
明覺實可貫穿統攝。另一方面，若只停於彼是對設之境，則不能體驗道之眞
實。故〈天運〉論體道之極境，亦以死生喻之：

吾又奏之以無怠之聲，調之以自然之命，故若混逐叢生，林樂而無
形；布揮而不曳，幽昏而無聲。動於無方，居於窈冥；或謂之死，
或謂之生；或謂之實，或謂之榮；行流散徙，不主常聲。世疑之，
稽於聖人。聖也者，達於情而遂於命也。（頁115）

此例與上一例微別。原文初設爲黃帝與北門成論樂，「聲音之道，觀感甚微。
太和自在人心，故以樂中條理，曲示入道之序。……元理元音，即樂即道。」
〔註19〕引文乃其最後理境，故接之以「稽於聖人」，因唯有聖人能究竟體現。
此中「死、生」二字乃同就一境之觀感，亦可以「不可知／可知」解釋。樂
境、道境冥冥漠漠，非心知之對象，然心又能感知現量境之實存。故亦非語
言所能定，就體道者感觸而謂之生亦可，稱之死亦可，或名之曰榮、實皆可，
名雖相異皆不相牴。由此義又可進言下一義。

五、「生、死」非相對概念之二境

前三節所論，「生死」實都被設定爲相反而不可離的一對詞組，亦即恰爲

〔註18〕《莊子》中「命」字義，張默生所注甚善。見張默生：《莊子新釋》（山東：
齊魯書社，1996年），頁200。「人的死生，是大化的流行，有生必有死，就
像有晝必有夜一樣。」又頁408莊子妻死一段注：「命者，天理之流行，變化
不息者也。」
〔註19〕陳壽昌：《南華眞經正義》（臺北：新天地出版社，1977年再版），頁226-7。

一組相對概念。但在此節，我們將考察一種特殊的觀念型態：單以生或死之絕對義，統攝「生死」之相對意義。這種語言使用，若以一例明之，如孟子之性「善」。《孟子‧告子》上§6：

> （公都子問曰：……今日性善，然則彼皆非與？）孟子曰：「乃若其情，則可以爲善（1）矣，乃所謂善（2）也。若夫爲不善（3），非才之罪也。……」〔註20〕

此段善（1）和善（3）同義，都指「可被認可爲善的行爲」；「（乃所謂）善（2）（也）」表達「乃是我所謂性善」之原由；其實質內涵指「乃若其情，則可以爲善」一整句，即指「人之眞實即稟賦實現善行之能力」之理，迥異於一般「善惡」之指經驗事象之對立判斷，即非相對概念之善。〔註21〕以下據此續論生死詞組，又分兩型：先5‧1

> 〈大宗師〉以聖人之道告聖人之才，亦易矣。吾猶告而守之，三日而後能外天下；已外天下矣，吾又守之，七日而後能外物；已外物矣，吾又守之，九日而後能外生；已外生矣，而後能朝徹；朝徹，而後能見獨；見獨，而後能無古今；無古今而後能入於不死不生。殺生者不死，生生者不生。其爲物，無不將也，無不迎也；無不毀也，無不成也。其名爲攖寧。攖寧也者，攖而後成者也。（頁53）

此段當分前後兩節討論。（1）外生之「生」其實是指自我的生命感，而非單指第二節「存在」之義。故章太炎釋「外生」爲二乘的「生空觀」，〔註22〕生空即一般相對於大乘方證「法空」之二乘「我空」，〔註23〕我空點明「自我感」

〔註20〕楊勇：《孟子譯解》（臺南：唯一書業中心，1975年），〈告子章句〉上，頁265。

〔註21〕此段義理解說，詳論可參看牟宗三先生：《圓善論》（臺北：學生書局，1985年）頁22～27。

〔註22〕見章太炎：《國故論衡》（臺北：廣文書局，1977年7月）〈明見〉：「案外天下至于外生，則生空觀成矣。朝徹見獨至于無古今，則前後際斷，法空觀成矣。」，頁195。又章氏《國學略說》（臺北．河洛圖書，1974年10月臺景印初版）〈諸子略說〉釋此節：「天下者，空間也，外天下則無空間觀念。物者，實體也。外物即一切物體不足攖其心。先外天下，然後外物者，天下即佛法所謂地水火風之器世間，物即佛法所謂有情世間也。已破空間觀念，乃可破有情世間。……人爲時間所轉，乃成生死之念，無古今者，無時間觀念，生死之念因之滅絕，故能證知不死不生矣。」頁168。看似以佛法比附於莊子，但文本未必無此意，故方東美先生頗稱之，見《原始儒家道家哲學》（臺北：黎明文化公司，1985年11月）頁261；另錢穆《纂箋》亦多徵引。

〔註23〕參看《實用佛學辭典》（何子培、高觀廬編撰，民23年佛學書局初版，臺灣

（獨立而不改的主體）之不實在（空），亦含五蘊和合之眾生當體即空，故又名「人空」；就一切對象而執為「實體」（即「我」），本即基於執持「有實在自我」之感。依前三節所論，一般義之生死乃依於一實在個體而後可說，而此個體實無實在性，故「外生」即由「外物」之境界進至「超越一己內在之生命感」之意。〔註24〕此「外『生』」字義明不與上述「生死」諸義中之「生」同，亦即不以「死」為其對立項，而實以第一節之「生死」諸義為其關係項。

（2）至於後半「不死不生」，莊子更以「殺生者不死，生生者不生」二語解釋。此語乃在「無古今而後乃入於～」之境界，易言之若能無時間相，〔註25〕則於現象之變動亦不見有所謂生滅。這說法甚怪，似不可解。然實理如此。推證如下：

就「殺生」兩句詭譎的句法，並下文「無不將也」數句合看，舊解以為兩句合指天或道，皆僅得其半。〔註26〕實義當作兩層，一是推到現象背後，指超於生、殺上的真性不生不死；一是就生滅現象說不死不生。換言之，見獨、無古今之消解時空架構，〔註27〕則生滅變易便不存在；然非謂即無現象。

員林蓮社再版）頁 615，47。

〔註24〕「我空」之我，其義可參看達斯笈多著，林煌洲譯：《印度哲學史》（臺北：國立編譯館，1998 年）第一冊，頁 49～50 論《梨俱吠陀》中的「阿特曼（Atman）學說」，69～71 奧義書中的阿特曼學說。又熊十力：《佛家名相通釋》（臺北：洪氏出版社，1984 年 4 月），卷下頁二上：「百法總明一切法無我，由何義故名我耶？基云我如主宰者，如國之主，有自在故；又如輔宰，能割斷故。有自在力及割斷力，義同我故。……實則所謂我者，……只是計著有實在物事的觀念。」簡括而綜合性說明可參看于凌波：《簡明佛學概論》（臺北：東大圖書公司，1999 年），頁 461：「『我空法有宗』……『我』之一名，梵語 ataman，音譯阿特曼，原意為『呼吸』，引申為生命、自己、自我、本質、自性。泛指獨立而永遠的主體，此主體潛存於一切物的根源內，而支配統一個體，這是印度古代婆羅門教的主要理論。」頁 462「所謂我，具有永遠存續（常）、自主獨立存在（一）、中心之所有主（主）、支配一切（宰）等諸種特性。」這裡可見《莊子》此處「外生」之「生」，與我空之「我」何等相似。但非妄意比附，因此處「生」字義若不作此解，幾不可明。章氏說有其不可移處。

〔註25〕「無時間相」參看註22引章太炎《國學略說》；及錢穆：《莊子纂箋》，頁 53 錢氏自注。

〔註26〕如王夫之：《莊子解》（香港：中華書局，1985 年），頁 64；王叔岷先生：《莊子校詮》上冊頁 239。

〔註27〕消解時空架構，簡註參看錢氏：《莊子纂箋》，頁 53，錢氏自注。詳釋請參看徐聖心：《莊子內篇夢字義蘊試詮》（臺北：臺大中研所碩士論文，1991 年），頁 119。

故下文「無不將也」四句，即指一切現象皆是一「定在」，亦即將迎成毀之攖，實皆為一「定在」不擾之寧。〔註28〕

其次看 5·2

〈德充符〉仲尼曰：「人莫鑑於流水，而鑑於止水，唯止能止眾止。受命於地，唯松柏獨也正，在冬夏青青；受命於天，唯堯舜獨也正，在萬物之首。幸能正生，以正眾生。夫保始之徵，不懼之實。勇士一人，雄人於九軍。將求名而能自要者，而猶若是，而況官天地，府萬物，直寓六骸，象耳目，一知之所知，而心未嘗死者乎！彼且擇日而登假，人則從是也。彼且何肯以物為事乎！」（頁40）

〈天地〉夫子問於老聃曰：「有人治道若相放，可不可，然不然。辯者有言曰：『離堅白若縣寓』若是則可謂聖人乎？」老聃曰：「是胥易技，係勞形怵心者也。執狸之狗來思，猿狙之便來藉。丘，予告若，而所不能聞與而所不能言，凡有首有趾無心無耳者眾，有形者與無形無狀而皆存者盡無。其動，止也；其死，生也；其廢，起也，此又非其所以也。有治在人，忘乎物，忘乎天，其名為忘己，忘己之人，是之謂入於天。」（頁94）

兩段文字俱特殊。先論前段。「心未嘗死」舊注多明言指「得其常心」〔註29〕，「常」自是就永恆之義言，然似非延續之恆，而更近於「本來如是」之恆。此處「死」字乃統生死之變易言，而非單指「逝滅」，故亦不與「生」對反。「以其心得其常心」非謂以心「生」常心，只是以心證會常心之固有，加以體現而已。舊註亦可證，方潛曰：「以其心得其常心，見性也。」〔註30〕用佛家語，指示法爾如是者。

再論後段。與生死相關三句字眼皆意義對反，在句法上卻又將雙方等同。其格式可統一表達成「其 A，-A 也」甚或「A=-A」。意謂：不論視野中所呈顯的樣態為何，皆與其未呈顯的樣態等同。單就生死詞義論，既不論二者相

〔註28〕 此處僅概說。詳細推證請參閱前註徐聖心碩士論文，頁116～121。

〔註29〕 如宣穎《南華經解》（《莊子集成》續編，冊32）：「以吾心理得古今不壞之心理，常心即復其閎天地之心的心字，即上文之不變不遺者也。……得其常心如此，豈猶為死生所變乎？」頁121-2；嚴復《莊子評語》：「心未嘗死，即所謂得其常心。」見錢穆：《莊子纂箋》，頁40引。

〔註30〕 方潛《南華經解》（《莊子集成》續編，冊36）。當然任何人皆可用「見性」一語，而吾人未必知其所指。禪宗之見性，重在見法性之空寂如如。與《莊子》中此處之未嘗死，當可相通。

依，如第二節；亦不論二者爲兩面相，如第三節。似應指第一節之第三義，實又不然。因此處「死」並不定然實指「逝滅」之現象，而可以虛指「未呈顯的樣態」。「生」亦未必定指「出現」或持續之現象，而泛指「呈顯的樣態」。關鍵繫於「其」究何所指。「其」可約表一整體。就一整體而言，可呈現出多種的樣態，不論其表象如何之不相侔，如何互相牴觸，皆不害其爲一整體。而且此意不可單純簡化爲〈秋水〉「道無終始，物有死生」。若作此簡化，不過說不動的道體，雖所造之物有死生，而其自身無變易。但依〈天地〉篇所言，未必定設爲形上、形下兩層，方能成說。因此整體亦可就個體言。〔註31〕如此說又與前節最後一例相似，其間不同安在？前節之「或謂之死，或謂之生」乃就窈冥之境之不同詮解；此段之「其死，生也」之死生雖屬同個體，卻指向不同之境——即不同樣態。以此觀點敘述個體，乃謂1）個體所呈顯之諸樣態，彼此間齊等無差別；2）然任一樣態皆非此個體之全貌；3）既如是，則任一樣態呈顯時，亦已隱示其他未呈顯之樣態。總而言之，動止、死生、廢起，皆可作如是觀。　此段詞義又可回看第一節之現象生滅之生死，詳見下節（六）所論。

六、「生死」諸義及其關涉論題

　　（一）首先就上文第一節論，「生死」詞組有三個相近意義，雖皆實指經驗現象，但並不專指一般意義之生命存在，和生命現象消失。尤其「死」可說是生命現象的一部分，可觀察的變化都可視爲死生的交替，故綜此三義名爲「現象生滅的總概括」。《莊子》中於此的特殊體會即是「人之生，氣之聚也；聚則爲生，散則爲死。……通天下一氣耳。」此義在前人論莊子生死觀大抵釋之甚詳，亦即「現象的生滅」總歸於一氣之化，此義可綜括以〈秋水〉「物之生也，若驟若馳，無動而不變，無時而不移。」然若依此以推，「死」並非只作生之終結與否定之單一事件，毋寧說是生命存在的一構成要素，因總是一氣之化；若無此氣化之刻刻生新，則生命自身亦不存在。單就人一氣之吐納之間，實已死生數過；若不知此，以爲吾人必保此「延續之生」，而力拒「更新之死」，反而是「藏山於澤」。若知此「生」原是「死生之命」所流行，則原來現象上貌似絕遠之二極端，實原互相涵容，如此即通於第三節之

〔註31〕此意可參看潘柏世：《天地篇講述》（臺北：自印，1982 年），頁 47～51。所謂個體即指獨立呈顯的事物。

義；又蘊含於第四節「個體涵攝生死動止諸樣態」之義。故又可引生另一值得注意的莊子生命態度，即「善吾生者，乃所以善吾死也」一句。其生、死字義雖與此節他例同，但其意涵已因構句而移易，表一特出的觀點。〔註32〕

　　（二）前一類型生死詞組的意義，可名為「生死一般」；只就「生死一般」而加以討論之學，可名為「一般生死學」。其次，「生死」除描繪現象變化的二面相外，亦可脫離對「變化」之實指，而專就其作為「概念自身」的性質使用。《莊子》中論及此義的生死，是與其他三組相輔：是非、可不可、彼是，而以彼是為其代表，主在論述「相反概念的互依關係」。〈齊物論〉此段乃指出尋常未經反思的荒謬：以為單方可自己成立，而盡情地攻擊對方，此即由是／彼二端之見而生是／非。實際在成立己方／是時，已同時隱含肯定對方／彼。這種荒謬可以牟宗三先生《理則學》中一例類比地說明──吾人如何率常地批評那原為吾人所依倚的：

> 凡有理性的思想，邏輯的推理，如其能進行，則必有肯定否定兩行之開出。……這（筆者按：指二分法及思想律）是永遠在上而超越的律則：肯定也得用它，否定也得用它。……使"純邏輯地言之"之立場為可能，而且為必然。因為你討論它，疑問它，它馬上即隱回來而藏于你的討論疑問中。……故有人滔滔不絕，說了一大套反對思想律的道理，而另一人即說：你講的很好，頭頭是道，皆合邏輯。某人頓時爽然自失。……〔註33〕

然而若說何以如此，依〈齊物論〉即自我中心或自我感。當我們說對方為「彼」時，實已奠基於自我認定為「是」。由是以「定」彼，卻又由是以「非」彼。「彼是方生之說」一節正點明這種矛盾。〔註34〕彼是分裂之局如此構成，故〈齊物論〉起首即言「吾喪我」，部分意旨亦為解消由彼是→是非衍生之序。

　　除了吾喪我，〈齊物論〉又如何超越二元對立的局面？透過「無適焉，

〔註32〕詳論請參閱徐聖心：《莊子內篇夢字義蘊試詮》，第三章。

〔註33〕牟宗三先生：《理則學》（臺北：正中書局，1986年），頁85。

〔註34〕這裡有一較細的曲折。依羅素說，即使是一單純描述句「這是一張桌子」，亦附帶著「求他人認同的態度」，即主觀上要他人信此語為真，也暗示「我是對的」。換言之，語言實亦是自我肯定之工具。而人人皆求自我肯定，「所言語」又非一而不定，若由此一轉，自我肯定而必欲凸出萬人之上而鶴立，則必暗示己是而眾人皆非，而求非者皆是己仰己。則生彼是相非。此義請參見陶國璋：《莊子齊物論義理演析》，頁56。

因是已。」其反面是一般的「因是因非」，這是「適」。莊子也「因非因是」，但這是因是而無所非。簡言之，「適」即吾人心念之動，〈齊物論〉中專指思考常在分別、劃類中進行，二分法為其最簡便的模式，或往於此，或往於彼，或往來於其間；而哲學分類之極則，分類諸項須為排斥且窮盡的。故心知分此方為人，彼端為物；人之中又分此方為我，彼端為他人；我所肯為是，他所肯為非；我之所在為生，我之不在為死；夜中所見世界為夢，晝中所歷世界為覺。「無適」即中止此心念之動，之後顯為何等心境？即「聖人照之於天」「因是」，故因是初是就認識層面言。而此心境所呈顯之現象，亦稱因是。因是乃就一切呈現者皆離二分或劃類等破裂之局，直就呈現者皆以「是」觀之，則將顯為「是、是、是……」「生、生、生……」（或死、死、死……），而未必是「彼→是→彼……」，或「生→死→生→死……」之二元交替。而原先所認定實有之生死變化，亦不過是語言之規定，若不如是規定，亦不必然感知其對立狀態，錢穆先生如此釋「因是」：

> 人類在語言與思想中發明了邏輯，最先也只是求在對立中尋求統一的工具。如說這是甲，好像把這與甲統一了。然而此統一中，便顯有這與甲之對立。……若真要避免對立，尋求統一，則不如只說這，更不說這是什麼。一切人生、現象，這這這這，直下皆是，生也是這，死也是這，……一切對立、矛盾，只一這字，便盡歸統一，盡歸調停了。佛家稱此曰如，道家稱此曰是，又曰然。佛家說如如不動，道家說因是已，又說萬物盡然。〔註35〕

這說法近是而不全然，以其混同「因是」之認識論性格與存有論之呈顯。文中所言「道家」皆出於莊子，「因是」固是就其呈現而肯認，故一切皆是，以別於因是己而非人；然而此處「因是」並無意於「統一」，此統一之表相乃源於語詞之「是」，當見其為「是是是是」，或錢氏所謂「這這這這」，語言上固只有「是」與「這」，現象卻不如是。故此「因是」就認識論乃順著「因是因非」，而成立特殊原則：從憑藉一己之是，轉為「順任物之所是」；而其存在論之呈顯，則為回到現象上之多，而承認其為多元而皆「是」，而不歸於「一」是。如此豈非回到對立，且更多元？正好相反。若說歸於「一是」，而實際上本無此一是，故由此生矛盾。若如莊子之齊物，應視為肯定多元之多樣性而「一一」皆「是」——平等，非「一是」獨立以排他（如此

〔註35〕細論請參看錢穆：《湖上閒思錄》，頁77～83。

即生二元）。總而言之，喪我顯心境之因是，因萬物之然而然之，此即「萬物盡然而以是相蘊」；有我則必求歸於「一是」：是己，則他者皆非「是」而為彼、為非。則依〈齊物論〉之因是，雖生死對反之異亦平等，如此可進言下一義。

（三）其次在「悅生惡死」之例，先是說明人情緒之誤用，情之誤用源自心知之誤用。其中生死指已知未知，人害怕、拒斥未知事物之到來，如麗之姬之未至王所而涕泣沾襟。然而既是未知，何以有惡、懼？故惡懼似不生於未知，而是生於對已知的執著，與安全感的渴求。〔註 36〕但另一方，又明有對未知之惡懼，則此未知仍其未知，而吾人又不安於此，只是吾人誤將己之所已知之假（非未知之真實）強加於未知，而認定此已知之未知即未知之真相，若其正與吾人之已知（如「生」）相牴而破壞此已知，故繼而對此加以拒斥而然。此固亦可說不離「執著已知」， 但顯示心知誤用之曲折又更進一層。

已知未知固可說是心知的兩面，亦可說是時間的兩態。二者略別。後者可就現在、未來論之。未來之成為現在，則未知轉為已知。心之離於當下，必求伸入未來而後有未知。有此懸想，則未知亦彷如已知，而在此刻心知涵蓋之下。故當知道死為生之終結時，心「能自我延伸」之思考，乃更求其自我之延伸持續，故引生出自我無限延續之「永恆」。永恆乃自時間先後之移念中所導生，更求後必有後且為永後之渴望而已，並非生命必在某情境中實可得此永續之生命。

（四）然而「死生」象徵心智體道的兩面相，並不止於說明情緒之誤用而已。亦論及心智可統貫此兩面。果真可以如此說麼？維特根斯坦說：

　　死並不是生活中一事件：我們並不能活著去經驗死。〔註 37〕

維氏自是採第一節所舉之義，但若他的說法如此真實，《莊子》中如何可用「類似」的經驗揣摩一二呢？揣摩也只是得其彷彿而已，未必是生死真相。實際上維氏之意也不在此，他接著說：

　　如果我們認（為）永恆不意謂無限的時間延續，但只意謂無時間性，
　　那麼則所謂永恆的生命將屬于那虛生活于現中者。

〔註 36〕此義可參看克里希那穆提：《生與死》，頁 46。

〔註 37〕見維特根斯坦著，牟宗三譯：《名理論》（臺北：學生書局，1987 年）（Ludwig Wittgenstein，*Logisch-philosophische Abhandlung*）6.4311，頁 156

我們的生命無終結，其無終結所依之路恰如我們視野所依以爲無限制者。〔註38〕

則二人之說仍有相近處。永恆一般乃對著「死」之終結說，終結之超越而得延續爲永恆。整體來說，只是時間感引發的兩情態。自其有始必有終言，有一般之死亡；自人之求跨越死之界限而有無終之永恆。然而兩態在某一義上皆在經驗之外，死亡不可經驗，若我們視之爲定在生活之外；永恆亦不可經驗，如果我們定義或理解爲「無限的時間延續」。然而若死既不可經驗，則與之對反以拯救死亡終結之永恆，亦不必眞如我們所願一般。永恆若非對著終結而言，則其可別有理解，以至可體現爲眞：永恆屬於生活於現在者。亦即當下視野之無限性，即時間感之中止，由是而無死之限與永恆之跨限。回到《莊子》中，莊子一樣從不同的角度說明「生死」字符的象徵意涵，逼出心智的特殊境界，從而理解生死不同的向度。故亦用諸似對設之時間兩態：夢覺、晝夜，而言其本非截然對立，生死之時間感之差異，亦非眞對立不可融通、超越。

然如以上所言，有二疑難當決：

1、本節（二）所論之概念對反、二分法與思想律，明確有相反概念之互依而相成；此又言凡生死、夢覺、晝夜……等極端相反者可融通與超越，則何者爲是，何者爲非？

2、而此心智之特殊境界，當即第四節所論之「常心」。而常心如何能超越生死？

先論其一。一般言概念之互依，又可細分二型態：互依而不即，互依而相即。〔註39〕前者正所以成立經驗之實在性，不論對象之獨立個體或現象之雜多紛立，皆可由此互依而定位；後者則僅虛擬雙方，假立之彼此實可互替、互攝，此即「天地一指也，萬物一馬也」之意。

續論第二疑難。此常心就其超越所知之二元差別，而成統合渾然之知，所以能度越生死現象，其故可以唐君毅先生之說解釋：

其所以說此心爲常心與無限量，乃直接由其「念念之過而不留，無所將迎」之「當下即是而逍遙自得之感」上說。……即忘物我而「天

〔註38〕同前註。又按：牟譯無「爲」字，此乃筆者所加。
〔註39〕請參看陶國璋：《莊子齊物論義理演析》，頁73～77。

人不相勝」之自由。故道家能不如西方理想主義者之期必於求不朽，求上帝，而亦能視死生為一條，若與造物者遊，蓋天地刻刻更新，即刻刻自造，心不滯於過往，則刻刻皆與造物者相遇，萬化而未有極，即不見有腐朽之物也。〔註40〕

此中仍有念念之過，即仍與現象相接相遇，而心知不復將迎馳適，即當境皆仍自在自得。前文曾引方潛「常心即見性」之說，即見法性空寂，則現象生滅所引生之對立，或心之分裂相，及由誤判恆滅之知情誤用，皆可由心之統覺自如而懸解。

（五）續就黃帝與北門成一段，論「生死」作為體道兩面相之義。上文（四）是就心知體道的兩面，以生死表示；此則專指道體之無限性，吾人可用生死、榮實名之。此中「死、生」二字乃同就一境之觀感，布揮無聲，居於窈冥，可謂之死；寂中沖和，動而無方，可謂之生。而所謂居／動本是一體，就其無形象之沖漠似寂言死，就其變化無方而能動言生。〔註41〕總說樂境、道境非語言所能定，然就體道者感觸而謂之生亦可，稱之死亦可；就其生機或感其新生之爛漫，故名曰初榮；就其為樂、道之極境而飽滿無餘，則以為結實亦可，而名之相異相反皆不相礙、不相牴。

（六）第五節則論及兩類型超越義的生、死，即生不與死對反，死亦然。第一類型見於〈大宗師〉，生非對死言，而是對生命持續起執之自我感。第二類型見於〈德充符〉和〈天地〉篇。其一以「死」統攝生死變易，主題在於常心或心體之本來如是，非生非死，亦與現象界之生死無涉。其一以死、生統括個體存在之不同樣態，又使不同樣態平齊而且等同。死即等同於生。然若於此問：5·1已論「個體無實在性」，此處又何以論個體之樣態？且由本節（一）論，亦不見有「我」，而只見一氣之化；由（二）亦言喪我而無適因是，如何能綜論以上死生諸義，而得其間脈絡？

當先由（一）說起，個體存在與「自我感」是兩回事，個體存在自是事實，但其是否為一持恆不變的獨立存在是另一回事。正因氣化的事實，故能顯發諸樣態；個體只是變易諸樣態之作用場，並無永不變易之內容，故個體並無實在性；若個體有其實在性，則「氣化之諸樣態」一描述是虛假。依此，

─────────────

〔註40〕見唐君毅：《中國文化之精神價值》（臺北：正中書局，1984年），頁128。
〔註41〕故陳壽昌又分以「體不可窺，用不可測」釋之。《南華真經正義》頁225。體用本非二物，但所從言異路。

自能明了內執自我，並以此外執有法，都非真實。如此（二）方能言喪我、無適因是，因此能呈現個體諸樣態，而不是單把持一樣態（若此在莊子名曰「爲是」）；亦唯此能真照見現象芸芸如是，成立現象樣態之多。故曰「因是」具有認識論及存在論兩重性格。其餘綜述見於結論。

七、結 論

（一）「延續之生」、及此「具延續之生之個體實在性」、及「求此延續之生之延續」以保持不斷之永恆生命三者，在《莊子》中生死詞組的指涉中固然有其用例，但就其觀點則皆是虛幻的。就延續之生言，只有「吾終身與汝交一臂而失之」（〈田子方〉）之刹那無止變化；由此無止變化論宇宙、生命都是一氣之化，由氣化則一堅凝不變之個體並不存在；故尋常隔絕的「生死」意義（第一節），原亦只是建立在「個體實在」及「此個體之必有終結」二概念之上。前者即由「自我感」之自視、觀物所生；後者則由執持「生死概念自身」之爲「互依而不即」所生。

（二）若就「對反概念之互依而不即」而言，《莊子》中論及一般理性概念的解義基礎，以及從二元對偶原則衍生之彼是／生死／可不可之差別相，原是存則俱存，立則俱立，非則俱非。斷無排斥一切他者，而「我／生」之概念可獨立自存。由此亦見執持「生死概念自身」仍深根於自我感，即個體之實在獨立性。

（三）就「對反概念之互依而相即」而言，此即超越概念對反狀態之生死義，《莊子》中主要由此開展幾個議題：個體諸樣態之融攝、心智體道的兩面相、道體自身、心智自身之統覺恆定、時空相之消泯。就個體樣態言，所謂動止、廢起乃同時並立，實無生死之別，故以「A 等同-A」的句式表示。就心智體道的面相言，吾人固經驗分隔的現象，如晝夜、夢覺，然心智明又能通貫彼此而加以渾化，由此以明死生之理亦不外於此，即貌似懸絕實可於一心中統觀。就此心統觀之道體而言，吾人亦不能盡吾人之知，如此可謂之死，然吾人又明有此渾合之知，其中顯爲諸般妙用，故可謂之生，生死二詞實同指一境而無別。末就心智之統覺恆定言，乃謂上文所說之「個體」「心智統觀」，皆不指向一最終之實自我，而是一本然如是之法性，《莊子》中以「未嘗死之常心」「無適之因是」示此心智及其境象，就心無概念之分裂相言其統覺，就心之所呈境象有流變而無馳逝言其恆定。二者亦互攝。則原爲

吾人認定爲物所經過之空間，及生命所歷流變之時間，亦皆絕其遠隔先後之相（總括皆屬不即之「彼此」），空亦互攝，時亦互攝。〔註42〕

〔註42〕 時之互攝、空之互攝，以寓言表達，最簡切傳神的是「莊周夢蝶」，觀念表達則以「物化」「天均」兩者最深致。請參看徐聖心：〈眞人不夢與莊周夢蝶〉，《中國文學研究》第五期（1991 年 5 月），頁 91。

附錄二 「莊子尊孔論」系譜綜述——莊學史上的另類理解與閱讀[※]

摘　要

本文乃欲使莊子學史乃至中國思想史上一獨特而沈寂的音聲重新發響，即「莊子尊孔論」的論斷，並說明此主張顯示的意義。這涉及兩個嚴肅的課題：文本詮釋的衍義性和誤讀效果，以及義理型態的領解與判定。我們在莊學史上發現一迥異於司馬遷以來的熟悉論斷：「莊子學承老子而詆訿孔子」，而且是一陣容壯觀的隊伍。

這支隊伍的領軍者在昔日都認爲是韓愈，副將爲蘇軾。可是就歷史而言，揭竿應數成玄英，副將至少應再列上王安石。以下我們簡述歷代重要的轉折與發展：

1、向、郭：莊子書中孔子「正面形象」的首次確立。

2、成玄英：莊、孔關係的首次建立／孔子爲莊子崇仰的人物／直接凝視文本的讀法。

3、王安石、呂惠卿、王雱：「求莊子之意」的閱讀法／莊、孔的共同關切／論莊孔關係的文獻依據：〈天下〉。

4、蘇軾、焦竑等：文、意位差，陽擠而陰助、即呵罵即讚歎／孔子不與諸子同列／文章辨僞。

5、覺浪道盛：尊孔論議題成立的全面探討，共分五題：儒學宗旨、莊學宗旨、宗旨對應、內七篇莊孔相應之證據、舊說莊老同派問題釋疑。

6、楊時、林希逸、方以智、宣穎：莊子與〈中庸〉，天人性命之學之對應。

7、覺浪道盛、林雲銘：莊子與孔子對「生死」問題見解的共通旨趣。

8、嚴復、章太炎至當代學者：莊子對孔子的識鑑穿透力／莊子對孔子人格之崇

※ 本文原發表於《臺大中文學報》第 17 期。

敬／莊子與孔門與顏回之學之相契／文獻基礎的全面奠定。

另外我們也說明莊學史上對「詆訾」的另類閱讀法，而有各式意向的發明：陽擠而陰助、即呵罵即讚歎、由毀生起疑情、明呵假借以暗保眞傳。單由以上簡單概括，已可見「莊子尊孔論」絕非一時一地一人觀書偶感而已。學者已開發出許多重要的議題，並努力尋求文獻上的依據，及閱讀的合法性與衍義的可能性。由莊學史上眾說歸納，得統合爲「尊老、尊孔、自爲一家」的結論而觀，「《莊子》中的孔子形象」或可視爲「莊子所理解的孔子」，而代表著儒道交涉、合轍與分途的多重意義。

關鍵詞：莊子、莊學史、孔子、儒道會通

一、引論：莊子思想性格重探

　　先秦諸子本無所謂「道家」學派。〔註1〕其學派名稱始見於司馬談〈論六家要指〉，然仍未能確定歸屬與成員；其學派大致歸屬創自司馬遷《史記》將老、莊合傳；〔註2〕其學派成員陣容直至班固《漢書・藝文志》才大致確立，而以上三者的提出都已在漢代，非先秦本有；〔註3〕若再佐以目前出土文獻的組合狀況來衡量，屬於今之所謂道家的有：郭店楚墓簡本老子、馬王堆帛本老子與黃帝四經，但或與儒典（如〈性自命出〉〈緇衣〉等）合葬，或與《周易》並出，皆尚未見老、莊合於一處，是則也可證明：先秦本無所謂道家。既無所謂道家，則老莊也原可無甚關聯，但史遷既將老、莊合傳，並繫歸於同一學派，且《莊子》書中頗言道和有無，外雜篇又每每崇老抑孔，〔註4〕世人遂目莊子為老子思想上的嫡裔，同為道家不祧之祖，千百年來大抵無異議。然而綜觀《莊子》內七篇，老子只出現二篇三次，並無明顯推尊之意，則究竟是否屬於同一學派，原不可知；且自《莊子・天下》篇始，不論其著者為何人，皆可解釋為莊子或其後學之中，早已有一派不將莊子歸於老子座下的看法。〔註5〕但只如此說，畢竟莊子思想又將如何歸屬？將依舊畫歸道家？還

〔註1〕　先秦概述當時學術概況的典籍，如《莊子・天下》、《荀子》〈非十二子〉與〈解蔽〉、《韓非子・顯學》等篇，可見儒、墨之稱，然均未見「道家」一詞。並參看馮友蘭，《中國哲學史》（臺北：商務印書館，1999 年 11 月）頁 213，216；以及楊儒賓《先秦道家「道」的觀念的開展》（臺北：臺灣大學出版委員會，1987 年 6 月）第一章第四節的討論。

〔註2〕　〔漢〕司馬遷，《史記・老莊申韓列傳》（臺北：泰順書局，點校本，1971 年 5 月），頁 2143-44：「……其學無所不窺，然其要歸本於老子。故其著書十餘萬言，大率皆寓言也。作〈漁父〉〈盜跖〉〈胠篋〉，以詆訿孔子之徒，以明老子之術；畏累虛、亢桑子之屬，皆空語無事實。然善屬書離辭，指事類情，用剽剝儒墨，雖當世宿學，不能自解免也，其言洸洋條恣以適己，故自王公大人不能器之。」

〔註3〕　相關討論，除註 1 馮氏書外，另請參看 Graham，A.C.，*Disputers of the TAO*（論道者）（Illinois：Open Court, 1989）pp.170～172；楊儒賓：《莊周風貌》（臺北：黎明文化，1991）頁 8。

〔註4〕　崇老抑孔，幾全見於外雜篇，內篇只〈德充符〉叔山無趾一則似有此傾向，餘皆正面形象。然叔山無趾一則亦多爭議，未可決定釋為譏刺孔子。一般對此內篇「正面形象」的說法是：莊子使孔子道家化，代莊子立言。如劉光，〈莊子言與不言〉，《道家文化研究》第 8 輯（陳鼓應主編，上海：上海古籍出版社，1995 年 11 月），頁 168。

〔註5〕　對反意見的討論，詳本文第四節。至於莊子學派歸屬問題，日人兒島獻吉郎

是視爲獨立思想家？還是別有趣向？

要回答這個問題，只有重新回到《莊子》本身，例如上文所舉〈天下〉篇的討論，即是例證之一。筆者閱讀《莊子》，即覺察內篇中的孔子實具正面形象；外篇形象不一，但亦非全是詆毀。其次批覽歷代注釋時，也不斷發現類似的見解，以至近人著述，也多認爲莊子書中的孔子形象是一有趣的問題。〔註6〕在這股莊學史重要的詮釋支流中，且更有學者不同意史遷提出「負面形象」的看法，另據此正面形象的解讀，推定「莊子尊孔」的主張。但這種「正面形象」如何能推斷成「莊子尊孔」？比如劉光即說：「做爲道家哲學的主要敵人的孔子出現在莊子一書中，卻是以極其內行的口氣談論著虛寂之道」，而這只是「利用這些人物莊嚴的喉舌來宣講自己玄誕不經的想法」，「在重言嚴肅的外套裡往往裹藏著豐富的喜劇含義和複雜的反諷。這似乎成了莊子進行語言破壞的一件暗器。」〔註7〕則孔子雖確具正面形象，也不過是個背誦臺詞的偶人，何能視作莊子「尊仰」的對象？這豈不更符合我們的學術定見與常識？因此我們若坐實「《莊子》書中的孔子」爲「莊子心目中的孔子」，恐怕是著文字相而不合法的誤讀。但反而言之，我們若覺得莊子玩世不恭，那麼他何嘗有「主要的敵人」？或者即使他不得不有主要的敵人，此人何以見得必是孔子？二者不止於莊子亦未曾明言，甚至可說書中也未必能尋得一貫而絕無歧出的證據。既如此，不止「正面形象」是一確然共見的事實，且關於「正面形象」的兩種解讀，誰都不曾佔了上風。則筆者的覺察，和歷代注家

《諸子百家考》〈莊子考〉謂歷來有三說：明老子之術者，酌孔子之流者，宗楊子之學者。此說可觀大勢，但仍嫌簡略。

〔註6〕 近代就單篇論文而言，較早有黎正甫〈莊子與儒家的關係〉，《自由太平洋》4：5（1960年5月），《人生》20：9（1960年9月）；連清吉〈莊子書中的孔子〉，《中國文化月刊》26（1981年12月，頁132～150）；之後有王叔岷先生〈論莊子所了解的孔子〉（1987年7月，新加坡區域語言中心講稿）；及謝大寧〈莊子對孔子的評價〉，《中國學術年刊》12（1991年4月，頁45～56）；陳品川〈《莊子》中的孔子形象〉，《汕頭大學學報（人文科學版）》10：3（1994年3月，頁15～21）；李霞、李峰〈從《莊子》中孔子形象看儒道衝突〉，《安徽史學》1996年第1期，頁15～17；振鎬，〈《莊子》的孔子人物形象論〉《江蘇教育廳學院學報》1998第二期；張岩〈由儒而道及道家的代言人——《莊子》中的孔子形象分析〉，《遼寧工程技術大學學報》，一卷2期，1999年6月；徐克謙〈莊子與老年孔子〉，《許昌師專學報》19：6（2000年6月，頁81～84）；曹小晶〈從《莊子‧內七篇》中兩個不同的孔子形象談莊子之思想〉，《西安石油學院學報（社科版）》（2001年2月，頁77～80）。

〔註7〕 劉光，〈莊子言與不言〉，頁168。

的別出心裁，也並不只是純然無謂的聯想而已。故不妨讓這兩種解讀充分各自表述，再交由歷史去評斷或循環討論。更且這已不只是「尊孔與否」這樣表象性的問題而已，實寓有對莊子思想性格、學派歸屬重新理解的意義。因此我們擬將歷代發表「莊子尊孔」的說法，作一整理，爲道家學脈實情的再估定發起端緒。然而筆者無意圈定莊子於任一學派，只是主張文本的再詮釋，是意義衍生與學術演進的重要途徑，義蘊無窮的《莊子》尤是如此。

本文用意主在發起端緒，因此一方爲凸顯議題的歷史客觀性，當盡力羅列筆者所知見的持論者，〔註8〕文獻取材包括莊子詮釋史上諸家，及士人文集內相關散論。但莊學史上諸人，或彼此間見解未盡一致，或只是拾前人唾餘，未必有特殊論點與詳密論證，故另一方各代中只舉較有創發性的看法作爲代表，其餘只在對比意見時偶及。「系譜」的意義有二：類分出不同的觀察角度，及各切入點中的引申與轉變。建立亦有兩途：或依學者之自道，或吾人據文獻而逐加繫聯。論述方式，自魏晉至當代，依時間年輩先後排序，以便看出各式持論轉變遞嬗的軌跡；〔註9〕其次再歸納爲幾條清楚的脈絡，如此能綱舉目張。不過，至今一般討論「莊子尊孔論」史都以退之爲首、東坡繼之，因此本文有兩點得作辨析，一是向、郭注畢竟是現存可見最早而完整的注本，同時也涉及「孔子形象」的議題，因此當首先處理向、郭的立場問題；〔註10〕一是成玄英和王安石的歷史地位問題。最後則當說明：「莊子尊孔論」的提出，並不止於兩個體間的私人關係而已，也不止於翻史遷舊案而已，實有其在中國思想史的深遠意義。

二、魏晉：《莊子》中孔子正面形象的確立

史遷「莊子學於老以詆孔」說法既出，最初與此見解相反，指出《莊子》中孔子爲正面形象的，是向、郭。〔註11〕如〈德充符〉極具爭議的叔山無趾一則，〔註12〕「天刑之，安可解！」一句，郭注：

<hr>

〔註8〕 迄今爲止，筆者所知凡五十餘家。

〔註9〕 鼎革之際，人物應入何代則甚不易言，只能權宜行之。

〔註10〕 關於郭象與向秀注本間的問題，雖二人注文略有出入，義理型態也有區別，但畢竟向本仍有底本的意義，故並論。

〔註11〕 參看湯用彤：〈向郭義之莊周與孔子〉，《魏晉玄學論稿》，收於《魏晉思想》（臺北：里仁書局，1984年1月）頁107〜116。

〔註12〕 如錢穆先生說：「（穆按）此意淺薄不類。」《莊子纂箋》（臺北：東大圖書，

今仲尼非不冥也。顧自然之理，行則影從，言則嚮隨。夫順物則名
跡斯立，而順物者非為名也。非為名則至矣，而終不免乎名，則孰
能解之哉？故名者影嚮也，影嚮者形聲之桎梏也。明斯理也，名跡
可遺；名跡可遺，則尚彼可絕；尚彼可絕，則性命可全矣。〔註13〕

「今仲尼非不冥也」，向、郭注以開門見山之法破題，力抵「叔山無趾乃莊子藉
以詆孔」之說。又〈大宗師〉孔子使子貢往弔子桑戶，孔子自謂「而丘遊方之
內者也，……丘則陋矣。」一節，原文似乎也有意貶孔子，但是注文卻說：

夫理有至極，外內相冥，未有極遊外之致而不冥於內者也，未有能
冥於內而不遊於外者也。故聖人常遊外以冥內，無心以順有，故雖
終日見形而神氣無變，俯仰萬機而淡然自若。夫見形而不及神者，
天下之常累也。是故睹其與群物並行，則莫能謂之遺物而離人矣；
睹其體化而應務，則莫能謂之坐忘而自得矣。豈直謂聖人不然哉？
乃必謂至理之無此。是故莊子將明流統之所宗以釋天下之可悟，若
直就稱仲尼之如此，或者將據所見以排之，故超聖人之內跡，而寄
方外於數子。宜忘其所寄以尋述作之大意，則夫遊外冥內之道坦然
自明，而莊子之書，故是涉俗蓋世之談矣。〔註14〕

這些注解其實和文義有些出入，〔註15〕向、郭特意推尊孔子（或不欲獨抑孔
子），於原文意義明朗處率加曲解，將孔子心境注解成莊子筆下人物的極致，
有趣的是，同一部書，為何史遷與向、郭卻讀出截然相反的孔子形象？固然
取材段落、版本異同是部分因素，更重要的或在向、郭的注書態度與方法，
如上文中「宜忘其所寄以尋其述作之大意」，及〈山木〉篇注：

夫莊子推平於天下，故每寄言以出意，乃毀仲尼，賤老聃，上掊擊
乎三皇，下痛病其一身也。〔註16〕

向、郭注也是寄言以出意，因《莊子》幾乎未見任何「賤老聃」的段落。〔註17〕

1986 年 9 月）頁 42。

〔註13〕〔清〕郭慶藩：《莊子集釋》（臺北：莊嚴出版社，1984 年 10 月）頁 206。

〔註14〕同前註，頁 268。

〔註15〕如〔清〕傅山：《莊子翼批注》，《傅山全書》冊二（山西：山西人民出版社，
1991 年 12 月）。關於〈德充符〉郭注，他批道：「安用周旋。」（頁 1082）〈大
宗師〉郭注，他批道：「豈不妙會，然晉人不許。」又「說得本好，而本義不
然。」（頁 1090）

〔註16〕郭慶藩《莊子集釋》，頁 699。

〔註17〕有爭議的殆有兩處。一是〈養生主〉「老聃死，秦失弔之」一節，或者以為秦

此處但汎言莊子筆下即高明如三皇、孔、老，也不免於訾議，然而其意未必只在訾議。〔註18〕又〈逍遙遊〉注：

> 夫莊子之大意，在乎逍遙遊放，無為而自得，故極小大之致以明性分之適。達觀之士，宜要其會歸而遺其所寄，不足事事曲與生說。

> 自不害其弘旨，皆可略之耳。〔註19〕

將文本視為「寄言」，則表象所見已無足輕重，重點端在能否釋出其大意歸趣，因此即使對孔子捂擊毀賤，不妨其許孔子為聖。但我們能否據此說向、郭為「莊子尊孔論」的先覺雷聲？筆者以為不然。也許只能視為魏晉人襲漢以下人物品評的通解，未必是向、郭自覺地主張「莊子」尊孔。如湯用彤先生先舉出向、郭注中尊孔抑莊的現象，〔註20〕之後說：

> 漢代儒家已稱獨專。班固《人表》列孔子為聖人，與堯、舜、禹、湯、文武相同。老子則僅在中人以上，莊子且在中人以下。聖人以儒家之理想為主，而老莊乃不及聖人。此類品評，幾為學術界之公論。及至漢末以後，中華學術漸變，祖尚老莊。……依王何之學，孔子之所以為聖，在於體無。而老子恆言虛無，故與聖學同。留儒家孔子聖人之位，而內容則充以老莊之學說。…… 向秀、郭象繼承王、何之旨，發明外王內聖之論。……外王必內聖，而老莊乃為本，儒家為末矣。故依向、郭之義，聖人之名（如堯、舜等），雖仍承炎漢之舊評，聖人之實，則已純依魏晉之新學也。〔註21〕

依湯先生之說，向、郭注中之尊孔意向的所有權乃屬於向、郭自己，而非莊子。另外陳榮捷先生也說：

> 事實上所有作注的人都讚揚其所注之書的作者，或為所注書的作者辯護，郭象卻反其道而行，他注老莊，卻又批判老莊。如王弼般，在形上學方面，他傾向於道家，但在社會及政治哲學方面，他卻緊隨儒家

失所評即老聃。一是〈天下〉篇關尹、老聃一節，稱「可謂至極」，但王叔岷先生據古鈔卷本等校為「雖未至於極」。《莊子校詮》（臺北：中研院史語所，1988 年 3 月）下冊，頁 1343。

〔註18〕關於寄言出意，可參看湯一介：《郭象與魏晉玄學》（臺北：谷風出版社，1987年 3 月）頁 211～219，又相關方法，頁 219～230。及蔡振豐：《魏晉名士與玄學清談》（臺北：黎明文化，1997 年 8 月）頁 170。

〔註19〕同註 16，頁 3。

〔註20〕湯用彤：〈向郭義之莊周與孔子〉，頁 107-8。

〔註21〕同前註，頁 111-2。

之教。正唯如此，郭象對孔子的評價遠高於這些道家哲學家。〔註22〕
又說：

> 如上所指，王弼、郭象皆不 以老子或莊子爲聖人，他們的聖人反而
> 是孔子。這是很有趣的，但是原因並不難找。特別就郭象而言，理
> 想人物是內聖外王而遊乎超越與凡俗兩界的聖人。根據新道家之
> 言，老莊只能遊於超越界，故爲片面的，而孔子則是眞正內聖外王
> 的人。〔註23〕

湯、陳二先生說法雖略有出入，但都指出向、郭注中對孔子的推尊，乃向、
郭自身的見解，似與莊子無涉。從陳先生的解釋，可看出他也認爲郭象是以
「個人」（或時代，如後則王弼、郭象並言）對孔子的觀點詮釋「莊子」文本，
並非郭象眼中莊子即如此肯定孔子；甚且對莊子的見解亦不盡認同，而有所
批判。因此筆者的看法是：我們可說向、郭凝視《莊子》重言中的孔子，乃
其自身或時人集體意識眼中所見的孔子，非可直接解釋爲「向、郭認定『莊
子眼中』的孔子」。故雖涉及孔子之段落，向、郭能還原部分意趣而不曲解，
或加曲解而忽略文義，而得以呈現「孔子形象爲聖」的一貫之旨，但畢竟不
能視爲「莊子尊孔論」之先聲。尤其衡以蘇軾以降的說法，向、郭更與史上
持此論諸家意態大異。即使如此，但向、郭注仍透出三點極重要的訊息，可
爲以下尊孔論張本：1 即孔子正面形象的解讀，在文本脈絡中的可見度與合法
性；2 若僅止於文本解讀則猶未足，所謂「莊子尊孔論」持說的判準，更在以
逆推「莊子意態」或「莊子學脈」爲核心。3 即「寄言出意」的方式，成爲解
莊方法的的突破。向、郭之後，或有學者多列韓愈爲第一人，〔註 24〕而且其
主張至清代猶迭起嗣響，〔註25〕故以下先續論韓愈。

三、唐：文本的注目與莊孔首次繫聯

韓愈（768～824）關於莊、孔的繫聯，見於〈送王塤秀才序〉：

〔註22〕陳榮捷先生編著：《中國哲學文獻選編》，楊儒賓等譯，（臺北：巨流圖書，1995
年 6 月）頁 455。

〔註23〕同前註，頁 459。

〔註24〕如鍾泰：《莊子發微》（上海：上海古籍出版社，1988 年 9 月），謝明陽：《明遺
民的莊子定位論題》（臺北：臺大中研所博士論文，何澤恆先生指導，2000 年）。

〔註25〕如宋楊時，明代沈一貫、楊豫孫，清代張芳菊、宣穎、姚鼐、章學誠、王闓
運、康有爲、譚嗣同、梁啓超。若只沿韓愈之說而別無發明，則不論列。

> 吾常以爲孔子之道大而能博，門弟子不能遍觀而盡識也。……又各
> 以所能授弟子，原遠而末益分。蓋子夏之學，其後有田子方，子方
> 之後流而爲莊周，故周之書喜稱子方之爲人。〔註26〕

這段話早經章太炎先生辨正：「至韓退之以莊子爲子夏門人，因此說莊子也是
儒家；這是『率爾之論，未嘗訂入實錄』。他因爲莊子曾稱田子方，遂謂子方
是莊子的先生；那麼，讓王篇也曾舉曾原，則陽、無鬼、庚桑楚諸子，也都
列名在篇目，都可算做莊子先生嗎？」〔註27〕韓愈文章，只說莊子師田子方，
田子方學承子夏，但仍列莊子於道家，亦不取其學術。所以他又說：

> 故學者必愼其所道。道於楊墨老莊佛之學，而欲之聖人之道，猶航
> 斷港絕潢以望至於海也。故求觀聖人之道，必自孟子始。〔註28〕

但《莊子》中田子方只一見，未可說「喜稱子方之爲人」；即使「喜稱其爲
人」，是否就是以彼爲師，也可說全無憑證。因此，我們至多只能說：韓愈
在向、郭之後，更進於向、郭之處，在他首先敘及莊子其人與儒家的聯繫，
但還談不上學派的歸屬。〔註29〕

　　但韓愈之外，唐代還有一位重要發言者，卻至今罕見提及，此即早於韓
愈百餘年的道士成玄英，〔註30〕既異於韓愈，又頗能還原《莊子》中的孔子
形象，且直接表示此乃「莊子對孔子」之觀感，如〈寓言〉篇「孔子行年六
十而六十化」章疏：

> 彼，孔子也。……吾徒庸淺，不能逮及。此是莊子歎美宣尼之言。
>
> 〔註31〕

這樣平實的注文，雖不涉及「尊孔、詆孔」等明示立場，但平實地了解文本
的每則故事的寄意，總比視而不見，甚或曲解來得珍貴。又如〈田子方〉「莊
子見魯哀公」一則：「以魯國而儒者一人耳，可謂多乎？」疏云：

> 一人謂孔子。孔子聖人，觀機吐智，若鏡之照，轉變無窮，舉國一
> 人，未足多也。〔註32〕

〔註26〕馬其昶：《韓昌黎文集校注》（臺北：漢京文化，1983 年）頁 152-3。
〔註27〕見章太炎：《國學概論》（臺北：河洛圖書，1975 年 9 月）頁 50。
〔註28〕同註 26，頁 153。
〔註29〕參看簡光明：〈莊子思想源於田子方說辨析〉，《鵝湖月刊》19：10（1994 年 4
　　　　月）頁 28～31，辯破歷代持此說者之非，析論甚詳密。
〔註30〕生卒年不詳。約太宗、高宗時人。貞觀五年（西元 631）曾受太宗召至京師。
〔註31〕郭慶藩：《莊子集釋》頁 954。
〔註32〕同前註，頁 719。

原文並未說此儒者是何人，成氏首先坐實了「儒者」和孔子的繫聯，後世對此大抵無異議。由這兩則，成氏之說高於韓愈者有三：1 韓愈只道及「莊、儒」關係，而成氏則表示「莊──孔」繫聯；2 其繫聯處，在於孔子也是莊子心中崇仰的人物，亦即涉及重要的「莊子意圖」的標舉，韓愈僅道及莊子作為孔子三傳弟子的身分而已；3 相較於「莊子學出於田子方」難證成於《莊子》，成氏疏釋更切近於《莊子》文本。第三點乃討論此一議題的基礎，韓愈於此貢獻實不及成玄英。不過成氏也只平平地道及，書中僅零星數見，未加張皇增釋。且雖屢稱孔子有聖德，仍以為「玄儒理隔，內外道殊，勝劣而論，不相及逮」，〔註33〕孔子畢竟還不及老子。

　　更進一步的說明，即全面肯定莊／孔關係，並開啓莊子學史中莊子學派歸屬問題爭議的，實待蘇東坡。

四、宋／元：天下篇的意義、莊子表法、閱讀策略與撰著用心

　　有關莊子尊孔議題的討論，最為後世稱道常是蘇東坡（1036～1101）。東坡學問與莊子關係之密切，觀其藝術理論可知。〔註34〕不過嚴格來說，第一位在「尊孔論」議題上確表此旨，明示其立場見解的，應是在他之前的王安石（1021～1086）。王介甫著有〈莊周〉上下篇，〔註35〕〈莊周上〉說：

> 昔先王之澤，至莊子之時竭矣。……莊子病之，思其說以矯天下之
> 弊，而歸之於正也，……既以其說矯弊矣，又懼來世之遂實吾說，
> 而不見天地之純，古人之大體也。於是又傷其心於卒篇以自解，故
> 其篇曰：「詩以道志，……春秋以道名分。」由此而觀之，莊子豈不
> 知聖人者哉？……然則莊子豈非有意於天下之弊，而存聖人之道
> 乎？伯夷之清，柳下惠之和，皆有矯于天下者也。莊子用其心，亦
> 二聖人之徒矣。……後之讀莊子者，善其為書之心，非其為書之說，
> 則可謂善讀矣；此亦莊子之所願於後世之讀其書者也。〔註36〕

〔註33〕同前註，〈大宗師〉頁268。

〔註34〕相關著作可參看衣若芬：〈臺港蘇軾研究論著目錄（1949～1999）〉，《赤壁漫遊與西園雅集──蘇軾研究論集》。（北京：線裝書局，2001年6月），頁223～294。

〔註35〕東坡寫作〈莊子祠堂記〉在徐州任上「元豐元年十一月十九日」，當西元1078年；而王安石卒於1086年，〈莊周〉上下篇當然也可能成於晚年，不過以王氏讀書多新見的情形論，此文的寫作必不太遲。

〔註36〕王安石：《王臨川集》（臺北：世界書局，1961年2月）頁432。

此外〈莊周下〉又說：

> 學者詆周非堯舜孔子，余觀其書，特有所寓而言耳。……讀其文而不
> 以意原之，此爲周者之所以詆也。……夫以周之才，豈迷出處之方，
> 而專畏犧者哉？蓋孔子所謂「隱居放言」者，周殆其人也。〔註37〕

此乃王安石據〈天下〉篇論莊子之用心。王氏的說法，雖然看來平常無奇，
實則涉及論斷「莊子尊孔」的幾個根本問題：

（一）一如成玄英的貼近文本，王氏也探討究竟今本《莊子》文本呈示
了什麼？由此看重〈天下〉篇；

（二）舊說莊學承於老聃，今本也有跡可尋，若改立新說如何說明？由
此提出「求莊子之意」「善其爲書之心」，於〈莊周下〉引孟子「說詩者不以
文害辭，不以辭害意，以意逆志，是爲得之」，並說「讀其文而不以意原之，
此爲周者之所以詆也。」是則讀莊當別有詮解之法，膠固於字面文辭，終與
意、志無交涉。換言之，王安石已提及討論此議題的幾個關鍵策略：《莊子》
書的閱讀方式：「求莊子之意」、以及確立莊孔關係的文獻依據（如〈天下〉
篇）。同時而稍後有王雱《南華眞經新傳》、劉概《莊子外雜篇注》與呂惠卿
《莊子義》，主要仍據〈天下〉篇立說。呂氏、王氏主要承王安石之說，劉氏
則以「內聖外王之道」歸於孔子，皆不爲無見，只可惜與王氏同爲引而未發。

王安石等雖已觸及詮釋尊孔新說的幾個根本問題，但此說全面開拓之
功，仍不得不讓與東坡。〔註38〕東坡〈莊子祠堂記〉說：

> 謹按史記，莊子……作漁父、盜跖、胠篋以詆訾孔子之徒，以明老子
> 之術，此知莊子之粗者。余以爲莊子蓋助孔子者，要不可以爲法
> 耳。……故莊子之言，皆實予而文不予，陽擠而陰助之，其正言蓋無
> 幾。至於詆訾孔子，未嘗不微見其意。其論天下道術，自墨翟、禽滑
> 釐、彭蒙、愼到、田駢、關尹、老聃之徒，以至於其身，皆以爲一家
> 而孔子不與，其尊之也至矣。然余嘗疑盜跖、漁父則若眞詆孔子者。
> 至於讓王、說劍，皆淺陋不入於道。反復觀之，得其寓言之終曰：……
> 去其讓王、說劍、漁父、盜跖四篇，以合於列禦寇之篇，……然後悟
> 而笑曰：是固一章也，莊子之言未終，而昧者勤之以入其言。余不可

〔註37〕 同前註，頁433。
〔註38〕 參看簡光明：〈蘇軾與莊子〉，《古典文學》14集（1997年5月）；及姜聲調：
　　　　《蘇軾的莊子學》（臺北：文津出版社，1999年12月）更立專章討論〈莊子
　　　　祠堂記〉。

以不辨。凡分章名篇，皆出於世俗，非莊子本意。〔註39〕

王、蘇二人皆知據〈天下〉篇以立論，東坡更進於荊公處有三點可說：（一）從莊子文章格式論其微意，較乎王安石汎言「求莊子之意」又進一層，因「求意」只可作爲指導原則，而文章格式則是可據以辨析的明確入手處。（二）由此證明老、莊原各自爲一家，先破老莊一脈之成見。（三）王氏的論據，在莊子論及「詩以道志」，但此根據至多僅足以明證其「知聖人」，不易推證其爲「聖人之徒」；東坡另就孔子不名一家，示其不降至諸子同列，更見發隱求意的曲折。此外東坡則言其「觀感」，並由其見解延伸出奇特的辨僞學，去〈讓王〉以下四篇，而以〈列禦寇〉上承〈寓言〉篇，「然後悟笑」云云正謂毋需證據，全憑與作者意念相契。〔註40〕雖未有強而有力的論證，但亦不可全斥爲誕妄，後世以文章家註莊者，正於此多有會心與新見。「陽擠而陰助」，初看與「寄言出意」無別，實則大不同，包括三層意涵：既說出遺寄尋意，又明確指出這意圖之何所是，更道出反向閱讀的策略。此期認同東坡主張的尚有褚伯秀及元代馬端臨（1254～1340）。〔註41〕

　　馬氏之前尚有邵博（？～1158）〔註42〕與林希逸（1193～1270？）。林希逸，持說在尊孔宗老之間，有《莊子鬳齋口義》。《口義》〈發題〉中說：

> 是必精於語孟中庸大學等書，見理素定，識文字血脈，知禪宗解數，
> 具此眼目而後知其言意一一有所歸著，未嘗不跌蕩，未嘗不戲劇，
> 而大綱領大宗旨未嘗與聖人異也。〔註43〕

文中率先訂下讀莊「資格審查」的規條：未習三教、不及門檻，不得入漆園之門，雖有誇大註解者的本事之意，可略而不論；林氏乃伊川、尹和靖一脈

〔註39〕宋·蘇軾：《蘇軾文集》（孔凡禮點校，北京：中華書局，1996年2月）第2冊，頁347-8。

〔註40〕所謂奇特的辨僞學，是指若只依陽擠陰助原則，則〈讓王〉等又何必是贋作？是東坡理由也不夠充分。但如此質疑東坡又不一定合宜，後世多有學者據辭氣……等論其僞，或置不釋，或移編附書末。

〔註41〕歷代附議東坡之說者，宋褚伯秀：《莊子義海纂微》；明沈津：《莊子類纂》〈莊子題辭〉（1567年刊本，《無求備齋莊子集成續編》（以下均用簡稱：續編）冊6，頁2）；祝允明：《罪知錄》等。

〔註42〕邵博：《聞見後錄》（北京：中華書局，1997），因不涉及理論的尊孔，故略。相關討論見陳品卿《莊學新探》（臺北：文史哲，1991）頁16。

〔註43〕見宋·林希逸：《莊子鬳齋口義校注》（周啓成點校，北京：中華書局，1997年3月）頁1～2。

的理學家，〔註44〕與尹氏同爲程門四弟子之一的楊時有一名言：「逍遙遊一篇，乃子思所謂無入而不自得；而養生主一篇，乃孟子所謂行其所無事而已。」〔註45〕所以主張「語孟中庸」與莊子相應也不爲怪。但林氏承艾軒、樂軒特重文章，則是理學家中少數例外。故論「文字血脈」並非汎說，其書解莊皆重文章、義理的互相發明。因此「資格論」既相應於「莊子尊孔」，理當涉及的「閱讀《莊子》的方法」問題，在東坡之外另闢一路；也曲示莊子思想的多樣光彩。〈寓言篇〉「孔子行年六十而六十化」一章，林氏說：

> 莊子既稱夫子之言，乃對惠子而歎曰：「已乎已乎，我安得及彼孔子
> 哉！」只此可見莊子非不知敬吾聖人者。〔註46〕

這仍不脫成玄英的掌中，但也僅止於此。他不認爲莊子宗孔，在〈天下〉篇又說：

> 自冒頭而下，分別五者之說，而自處其末，繼於老子之後，明言其
> 學出於老子也。〔註47〕

這裡的論證當然是不成立的，爲何「繼老子之後」，便可推得「明言其學出於老子」？若後出者即承前列者之學，依〈天下〉篇行文之例，則將謂宋鈃尹文學於墨子、彭蒙愼到衍宋鈃之學，而關、老承愼到之學麼？則後四家學術將以墨家爲總根源麼？且五家學術皆以「古之道術有在於是者，○○聞其風而悅之」的疊出句式，各自發端，以明各家淵源不同，則莊子自是獨聞於「古之道術」，而非別承於關、老，應是再明白不過的事實。我們未見林氏對己持說未圓的調合，可視爲尊孔論別派。〔註48〕

　　既然直到蘇軾方才肯定莊、孔關係，距史遷立說及學界共識形成已千餘年，要爲一流傳已久的說法翻案談何容易？當然一定還有維護史遷以下舊說的學者，同時如晁公武《郡齋讀書志》：

> 熙寧、元豐之後，學者用意過中，見其書末篇論天下之道術，雖老

〔註44〕見黃宗羲等：《宋元學案》（臺北：華世出版社，1987年9月）卷47；及前註書，前言頁2，論學術淵源。

〔註45〕見《龜山集》（四庫全書珍本四集，集部四，v.992。臺北：商務印書館，出版年不詳）卷10，語錄一，三a。

〔註46〕林希逸：《莊子鬳齋口義校注》，頁434。

〔註47〕同前註，頁506。

〔註48〕林氏只是立說未圓，未必可遽評爲自相矛盾。因雖說其學出自老子，並不妨於知孔敬孔。

聃與其身皆列之爲一家，而不及孔子，莫不以爲陽訾孔子而陰尊焉，遂引而內之。殊不察其言之指歸：宗老氏耶？宗孔子耶？既曰宗老氏矣，庸詎有陰助孔子之理也邪？至其論道術而有是言，蓋不得已耳。夫盜之暴也，又何嘗不知主人之主人邪？顧可以其智及此，遂以爲尊我，開關揖而進之乎？竊懼夫禍之過於兩晉也。〔註49〕

晁氏說法之謬，本不待辨，但因後世尚有支持其論證者，故又不得不略釋其非。〔註50〕1、我們不知何以宗老者必不陰助孔子？二人是宿敵世仇麼？如林希逸的「尊孔宗老」說豈不是一如實平情之論？2、其次，晁氏又如何確認莊子「言之指歸」？晁氏或可說：「吾據《莊子》一書，及司馬遷之論斷。」但《莊子》書之意原在未定之列，而司馬遷〈老莊申韓列傳〉明是此意：

孔子適周，將問禮於老子。……孔子去，謂弟子曰：「鳥，吾知其能飛；魚，吾知其能游；獸，吾知其能走。走者可以爲罔；游者可以爲綸；飛者可以爲矰。至於龍，吾不能知其乘風雲而上天。吾今日見老子，其猶龍邪！」〔註51〕

敘孔子問學於老子，又喻老子爲猶龍，自是「依」孔子尊老子，並爲老子定位。以微諷後學者冰炭水火之隘心。3 再其次，儒、道本非水火，故孔子問學於老子。水火不容是「後之學○○者」。莊子固可說是「後之學老子者」，但亦未可據以證明詆訾孔子的後學必定是莊子。晁氏其實未能觸及東坡的論點，所以駁議也不易使人信服。下至明代，東坡之說已蔚成一大風勢。

五、明：莊子表法密意再探、內七篇的歸趣、莊孔繫聯的全面討論

明代三教合一之說在縉素間高唱廣播，因此在三教間予以突破傳統格局的繫聯，自不意外。明代首舉尊孔論的是祝允明（1460～1526）。他著《罪知錄》意在「纂集前聞，品第昔人」，〔註52〕全書發凡以「舉、刺、說、演、系」五者標示立論方式，卷三列「予莊子」一則，便提及莊、孔間的關聯。其中

〔註49〕 宋·晁公武：《郡齋讀書志》（臺北：商務印書館，1978年）冊一，10卷下，頁213-4，〈莊子南華眞經〉條。

〔註50〕 後來仍有學者支持晁氏說，如〔清〕姚際恆：《古今僞書考》（林慶彰編，《姚際恆著作集》冊四，中研院文哲所，1994年6月）頁255：「晁氏此辨，可謂至正，殊有關係，蘇氏兄弟本溺好二氏，其學不純，故有此誕淫之辭。」

〔註51〕 《史記》〈老子韓非列傳〉，頁2140。

〔註52〕 文徵明：〈題祝子罪知二十二韻〉附識祝允明自道之語。

「系：述古作以證斯文」乃取王安石與蘇軾二人；其「說：原是非之故」推許莊子為「百氏之傑，宣尼之輔，可謂亞孔一人焉。」至於「演：布反覆之情」則廣論曰：

> 故孔莊一道也。（腳註：老列等盡然）故言之貌也，孔必違莊，莊必
> 掊孔。孔必異莊，莊必異孔。言之心也，孔必協莊，莊必出孔；孔
> 必一莊，莊必一孔。凡今之語莊也，庸詎知乎此也。夫孔莊既往，
> 為之者師孔或置莊，右莊且惑孔。……然而假令遂亡其言，且焉從
> 識本末之大統，爍今古之變遷，悟孔莊之不二，而懲晉士之參差者
> 哉？〔註53〕

魏晉始有注莊的佳作，祝氏以為亦因魏晉而莊旨始晦。此說亦有切當處，〔註54〕但若單就《莊子》中的孔子形象而言，吾人已代向、郭立說辨析於前，祝氏之說未必可從。但語中推許之情，乃言人所不敢言或不肯言，論斷以「孔莊不二」「宣尼之輔，亞孔一人」，則當與孟子並祀大成殿。莊子地位雖不必依孔子與儒門而定，但自來也未有置莊子於亞孔一人的高度。祝氏稍後有楊愼、〔註55〕王龍溪（1498～1583）、朱得之、沈一貫（1531～1615）。王龍溪之說見《王龍溪先生語錄》：

> 或問莊子之學。先生曰：莊子已見大意，擬諸孔門，庶幾開點之儔。
> 東坡論莊子推尊孔子之意，雖是筆端善於斡旋，亦是莊子心事本來
> 如此。其曰不知以養其所知，及木雞承蜩諸喻，即孔子無知如愚之
> 旨；其曰未始有物、未始有初諸說，即大易先天之旨。但寓言十九，
> 似涉狂誕，世人疑以為訾，真癡人前說夢也。〔註56〕

答問雖簡短，但極扼要，有數要點可說：一為莊子風格總括，如開、點之儔；二為肯認東坡之慧眼；三乃落實於莊、孔之學之真對應，共兩證，皆二人學說之深致處；四則世俗之未之信或誤認為「訾」之由，在其說之狂誕不羈，不當以常解繩之。朱氏有《莊子通義》，其〈大宗師〉坐忘章注：

〔註53〕〔明〕祝允明：《祝子罪知錄》（《四庫全書存目叢書》冊383，臺南：莊嚴出版社，1995）卷三，頁十二 a～十三 a。

〔註54〕莊學史上有許多不盡同意郭注權威的學者，如林希逸、陸長庚、沈一貫、宣穎、傅山、方潛……。

〔註55〕楊氏有《莊子解》，見《續編》冊3。頁2～3「莊子憤世」，頁6～7「莊子論經不言禮樂」，頁22～23「莊子語暗合中庸」。

〔註56〕《王畿集》（吳震編校整理，《陽明後學文獻叢書》，南京：鳳凰出版社，2007年3月）卷一，〈三山麗澤錄〉第十八則，頁14。

……此可見孔顏之所謂忘，亦可以見莊子篤信孔顏處，而他章掃跡
之旨，蓋昭然矣。〔註57〕

另〈德充符〉哀駘它章也有類似見解。〔註58〕沈氏有《莊子通》，敘莊子出於
孔門之後等處，與前人略同不必贅述，但觀其〈逍遙遊〉篇末注語，可知其
論述方式與重點所在：

> 此兩章莊生自敘其逍遙之趣也。莊子敘事是傳影留神法。若其意指
> 都在驪黃牝牡外，如易之假象一般。大鵬之事分明寫出性中活潑潑
> 地。若求之聖賢書中，則素位而行一章，君子所性一章，居天下之
> 廣居一章，疏食飲水、簞瓢陋巷、浴沂風雩、任重道遠等章已具此
> 理，至奇而無奇，至妙而無妙，至易至簡而至不可及。放之則巍巍
> 蕩蕩，卷之卻無尋處。顧莊子已自落於聖門之籍，政不必援而歸之。
> 以吾讀莊者，當知其所以異所以同始得。〔註59〕

從朱氏、沈氏開始透出一重要消息與轉折：直隸莊子於孔門，及由內七篇等重
要篇章論述莊、儒相應之理。〔註60〕前者乃此前學者所不敢明言，只說莊子出
於子夏之門人等，如此則莊子身分猶是未定；後者則見解更在林希逸等人之上。
〔註61〕之後有焦竑（1540～1620）。焦竑是明末主三教會通的博學儒者，〔註62〕
觀點分見於《莊子翼·序》〈讀莊子七則〉，〔註63〕先看〈莊子翼序〉：

〔註57〕《續編》冊3，頁234。

〔註58〕同前註，頁185。

〔註59〕《續編》冊9，頁33～34。

〔註60〕如〈大宗師〉註，以莊子本無生死之說，與易、伊川、橫渠之說參照（同前
　　　　註，頁244-5）。另如〈庚桑楚〉註：「此二節字字符合陸子靜所謂：四海有聖
　　　　人出焉，此心同也此理同也。其是之謂歟？」（冊10，頁660）。此固可上追
　　　　至林希逸、劉辰翁，但《點校》意在「因林顯劉」，內七篇解於莊儒相應處只
　　　　顯示一、二處，且著墨甚少，不足為範例。

〔註61〕《口義》在當時應頗流傳，至明末方以智著《藥地炮莊》猶多稱引。沈氏甚
　　　　不滿《口義》，曾譏諷地說：「常見鬳齋註莊子，凡不了處便云不可言不可說、
　　　　只好意會，贊歎一番便過了。此殆未徹莊之故，道理必有著落，何嘗不可
　　　　言？惟至人應機有不言者，……」同前註，冊10，頁647。

〔註62〕關於焦竑的研究可參看 Edward T. Ch'ien, *Chiao Hung and the Restructuring of
　　　　Neo-Confucianism in the Late Ming*（焦竑與晚明新儒學之重構）（NY: Columbia
　　　　University Press, 1986）；及梅廣：〈錢新祖教授與焦竑的再發現〉《臺灣社會研
　　　　究季刊》29（1998年3月）頁1～37。

〔註63〕〈讀莊子七則〉共三見，《焦氏筆乘》、《莊子翼》附錄、《澹園集》卷22「書
　　　　後、題跋」。

乃內篇斷斷乎非蒙莊不能作也。然則老氏門人之書傳於世者，獨莊
子耳。……夫老之有莊，猶孔之有孟也。老子與孔子同時，莊子
又與孟子同時，孔孟未嘗攻老莊也。世之學者顧諸諸然沸不少置，
豈以孔孟之言詳於有，而老莊詳於無，疑其有不同者歟？〔註64〕

此既以莊子爲老氏門人，何以有尊孔之論？〈讀莊子七則〉之一：

莊子一書，以明道也。……夫瓦礫糠秕，無非道妙，獨仁義禮樂爲
其所不載，明乎非蒙莊之意矣。何者？仁義禮樂，道也；而世儒之
所謂仁義禮樂者，迹也。執其迹不知其所以迹，道何由明？故不得
已擯而棄焉，使人知道也者，立象先，超繫表，而吾所挟者之無以
爲也。〔註65〕

此說有卓識，先正言道之無限性，再謂仁義不外乎道。之二會通儒道：「老莊
盛言虛無之理，非其廢世教也。虛無者，世教所以立也。」之三正論莊、孔
關係諸問題：

史遷言莊子詆訾孔子，世儒率隨聲和之，獨蘇子瞻謂其實予而文不
予，尊孔子者無如莊子。噫子瞻之論，蓋得其髓矣。然世儒往往牽
於文而莫造其實，亦惡知子瞻之所謂乎！何者？世儒之所執者，孔
子之迹也，其糟粕也；而莊子之所論者，其精也。……釋氏之論詶
恩者，必訶佛罵祖之人。夫以訶佛罵祖爲詶恩，則皈依讚歎者爲倍
德矣。又孰知夫訶與罵者，爲皈依讚歎之至也！〔註66〕

觀此，即使議者附和東坡，倡言「莊子尊孔」，焦竑亦不盡許其有見。亦即舉
凡在「迹」上取相，不論是儒者宗孔或議者從於子瞻，都非眞宗主眞知見。
焦氏立此嚴格標準，而持說看似依仿東坡而已，如何取信於人？其實焦氏見
解正又進於東坡。因東坡論及莊子詆訕孔子之文字表象時，不免說「陽擠陰
助」，則吾人當移換莊子的說法自反面思入，才能得其實意。然而焦竑的說法，
乃正以莊子之詆罵爲尊崇，此不得不說是禪家復盛之後，移呵佛罵祖之密意
以注莊的新天地。其詆訾再不需反轉而讀，且正以詆訾方爲推尊孔子，爲「皈
依讚歎之至」。〔註67〕這是在讀莊子的方法上的又一大突破。此外第五則先舉

〔註64〕《莊子翼》（《續編》冊11）頁2~4。
〔註65〕焦竑：《澹園集》（李劍雄點校，北京：中華書局，1999年5月）上，頁292。
〔註66〕同前註書，頁293。
〔註67〕此略如「見過於師，方堪傳受；見與師齊，減師半德」，詆訾正是從學者獨立
闊步於師承之外，故正是尊其師處。若暖昧於一家之言，正是辱沒師門。

東坡論〈盜蹠〉等篇，其後更爲東坡無證據的辨僞學加上論據，即以《列子‧黃帝篇》作補充說明，雖未必可信，〔註68〕但至少對「莊子尊孔」論據的考慮又緊密一層。

其次有徐曉《南華日抄》。〔註69〕其莊子「尊儒、尊孔、尊六經」之說，乃沿襲王安石以來的說法，又加以綜括，並大致成爲此下尊孔論者的共識。同時稍後有陶望齡（1562～？）《解莊》，在〈逍遙遊〉首段解曰：

> 莊子甚尊孔而其學與老異派，觀末章列道術可見。甚取列子而不許
> 以神聖，與己地步亦殊，觀此可見。〔註70〕

除分別莊、老異系之外，見解多與成玄英一般，能鑑別不同段落的意向，不爲定見所囿；論及尊孔，只針對〈田子方〉的兩個段落，給予「尊孔子極矣」「尊孔」平實的批語而已。依其說，應可說莊子：1 尊孔子；2 且有取於列子；3 但仍自爲一學派。這近乎司馬遷所說「其學無所不窺」而判斷大不同了。以上二書時間相近但宗旨不同。徐氏以爲「莊子是尊儒之書」，而陶氏則仍以莊子學宗老子，又別爲一派。焦氏之後眞正具有理論意義的說者，當數覺浪道盛（1592～1659）。

覺浪道盛是明末極特出的禪僧。〔註71〕道盛有多篇論及莊子的文字，較重要的有〈三子會宗論〉〔註72〕〈莊子提正〉〔註73〕。這些文字不論在莊子學史

〔註68〕 同註65書，頁204。這說明看似勝於東坡，卻未必比東坡之無言高明。因若《列子》中的排序可信，則〈黃帝篇〉中許多與《莊子‧達生》雷同但次序錯亂的段落，將如何解釋？

〔註69〕 徐曉，江蘇吳縣人，自署江漢逸叟。此書前有劉侗在崇禎十年（1637）刊行的序文說：「南華，尊儒之書也，仲尼弟子稱引者數，尊六經而別百家見於終篇。自儒者以列道藏，而郭呂諸家注之，其蘊不出禪玄。惟先生注之以儒。其言曰：道惡睹所謂儒，惡睹所謂釋，惡睹所謂道哉？侗又嘆先生之愼也。」《續編》冊23，頁9。

〔註70〕 〔明〕陶望齡：《解莊》，《續編》冊24，頁10～11。

〔註71〕 道盛爲曹洞宗法流。其特出處不止在其思想內容之奇（如「怨的禪法」、「尊火爲宗」等），也在其爲人風格，（如木陳道忞〈壽恩菴三和尚序〉：「皋亭浪杖人，滑稽善辯」。見《嘉興藏》（臺北：新文豐出版公司，1987年4月）181，冊26，頁342），及其異於當時佛教界之立場，較能平情看待並尊重中國人文世界與傳統學問。其學說可略參荒木見悟：〈覺浪道盛初探〉（廖肇亨譯），《中國文哲研究通訊》9：4（1999年12月），頁77～94；及荒木見悟：《憂國烈火禪》（東京：研文出版，2000年7月）；關於莊子有謝明陽《明遺民的莊子定位論題》第二章〈託孤說〉的專論。

〔註72〕 〔明〕覺浪道盛：《天界覺浪盛禪師全錄》，《嘉興藏》311，冊34，頁698～699。以下正文引文皆出自本書，但註卷數、頁碼，不另出注。

或明末僧徒莊子學，都具有特殊意義。就明末僧徒莊子學而言，荒木先生特別指出：道盛對莊子的肯定、欣賞、推闡，皆絕異於歷來的僧徒傳統。〔註74〕而在莊子學史，道盛乃首位全面理論化地討論「莊子為儒門別傳」議題，異於此前諸家或是隨文批註，或是點到即止，其實都未就自己主張作深入的論證與解釋。我們先看〈三子會宗論〉。所謂三子指孟子、莊子、屈原，會宗之「宗」意謂「易書詩禮春秋五經，皆具天人一貫之宗，是孔子所刪定述作，為千聖百王之師法者也。」此論乃會通三人之學於儒門宗旨。其論莊子說：

> 此外有莊子之南華，屈子之離騷，其貌雖異，究其所得，皆能不失死生之正，以自尊其性命之常，曾無二致，豈不足與五經四子，互相發明其天人之歸趣，可為儒宗別傳之密旨哉？（卷十九，七a，頁698）

這段話頗能概括道盛對莊子的創新詮釋：1 莊子自是儒者，但非俗儒、陋儒，而是傳儒心法之「別傳」；2 其學宗旨為何？因其「足與五經四子，互相發明天人之歸趣」，故「能不失死生之正，以自尊性命之常」。但何以謂之別傳？則尚未見深入的說明。以下我們將透過〈莊子提正〉進一步討論其論點及其論據。

道盛如何論證莊子為「儒宗別傳」？我們先釋別傳。這點道盛是透過與蘇軾同一手法：破譯莊子的「語言策略」，以便說明文字表象與欲傳旨意間的參差。所以他說：

> ……憫世道交喪之心……，盍亦追其本而救之乎？乃不得已，仍借義黃堯舜孔顏，與老聃許由壺列楊墨惠施諸子，互相立論而神化之，其中蓋有主有賓，有權有實，至於縱橫殺活、隱顯正奇、放肆詭誕、喜笑怒罵，有以直指其天真，有以曲示其密意，其為移出人心之天，而成其自然之性者，不可以常情臆見領略，而且有如聾如瞽者，是何足怪哉？內七篇抑揚錯綜，要不過正打傍敲，以闡發其神化自然之旨。……（卷三十，一b～二a，頁768）

又：

> 自謂天下沈濁，不可與莊語，故為此無端崖之辭以移之，使天下疑怪以自得之，則庶幾藉此明吾心中之所存，行吾心中之所主耳。世

〔註73〕同前書，卷三十〈襍記‧莊子提正〉，頁768～776。

〔註74〕見荒木見悟：《憂國烈火禪》〈第七章‧託孤的傳法〉，頁114～117。第一節末引《藥地炮莊》眉批「憨山、鼓山、天界判莊各別」（上冊頁55），而後作結，大意乃謂：方以智之說，全承道盛的莊子觀，乃佛家前代未聞。

人不知，以為詆毀堯舜孔顏，又孰知稱贊堯舜孔顏更有尚於莊生者乎？……夫有毀之，則能疑之，是則善於讀莊子也。……是惟疑之，則所見為驚，所聞為熒，見聞既驚且熒則平日道理無所用，道理無所用則心知迷無所從，迷無所從則惑，惑則困，困則愚，愚則神與天冥，同乎大通，此正疑始而後攖寧也。（同上，二b～三a）

此段的理論根據，道盛的標示是出自〈大宗師〉。但這是道盛對「疑始」的誤讀。而未標示的真正根據是《莊子·天運》北門成與黃帝對話一則。〔註75〕他的閱讀理論，乃在東坡、焦竑之外又開闢另一類型，不再由文字自身的反面或反反面閱讀立論，另由讀者的反應說起。「毀」乃在激起震撼的力量，引起疑情，蕩去平素積習與成見，不起日常知見，而後能與天冥合，此是入道見真相之途。禪家以不再正言「佛法大意」或「祖師西來意」，別以豎指擎拳等教法為所謂「別傳」，莊子也正如禪師之用機鋒棒喝，意在使參學者生疑自悟。

　　破譯莊子的語言策略之後，如何確證莊子歸屬於儒家？道盛以〈提內七篇〉的總論及七篇分提的分論，共八篇文字，一方解析各篇意旨，一方會通七篇，一方證莊子、儒門之相應。亦即「莊子尊孔論」若要成立，除了需解釋莊子表法的特殊用意之外，尊孔論者原應接續論證：莊子之學與儒者之學究竟於何處對應、承接？否則又如何說莊子的特殊表法，即是為了彰顯儒學，而非彰顯老學或自我標舉？自語言策略發端，雖是開了門窗，但若未能展示景致，依舊無甚功效。然而唯有向、郭注以「內聖外王」為儒、道學說的總衡準，〔註76〕尊孔論者自王安石「矯天下之弊」說以降，卻罕有人直接面對此關鍵。就思想而論，道盛應有五個不得不說明的議題。以下先引道盛文字，再簡單注明其用意。

　　（於是儼然曰：「自開闢漸遠，更有）伏羲神農黃帝堯舜禹湯文武孔顏若而人，能知大道之原，天地之化，與能因人物之自然，而為民生日用制作法度，為道治之宗，使之各安身世性命（者乎？）。（〈序論〉，二b）

此其一，說明儒學宗旨。以三節分述：知原知化、因自然制作以成治、使人

〔註75〕《莊子·天運》：「樂也者，始於懼，懼故祟；吾又次之以怠，怠故遁；卒之以惑，惑故愚。愚故道，道可載而與之俱也。」。

〔註76〕參看郭序；及湯用彤〈向郭義之莊周與孔子〉，頁109。

物各安性命。何以是這三節？我們恰可見其彷彿出自〈中庸〉知性、修道、成教的脈絡與規模。由此取材，亦可推知道盛心中，莊子歸於儒宗之契接處何在。又：

> 莊子實以內聖外王之道為主，而具經濟天人之全機大用。內七篇始逍遙遊，終應帝王，蓋竗於移神化自然之旨，而歸於堯舜孔顏者也。
> （〈提內七篇〉，八 b，頁 770）

此其二，說明莊學宗旨。內聖以立德，外王以成業，經濟天人則不僅修治且能教民各正性命之機用。「神化自然」是老學，「移以歸於堯舜孔顏」則轉化老學別有歸趣。以上兩點最基本，自當先加條理。但歷代注家於此若非言簡意晦，不能綱舉目張，即根本不見措辭。因是二人或二家派，故當先分觀各人宗旨，方好進言其異同。一方是謹慎，一方是理當如此。而由道盛所見，莊子與儒學確有相應處，然其相應尤有更深之致，故他處又特別標出：

> 夫論大易之精微，天人之竗密，性命之中和，位育之自然，孰有過於莊生者乎？（〈正莊為堯孔眞孤〉六 b，頁 769）

> 內七篇始逍遙終應帝王，蓋竗於移神化自然之旨，而歸於堯舜孔顏者也。（〈提內七篇〉八 b，頁 770）

此其三，證明兩家之學之對應處。其間最明顯的對應經典是大《易》與〈中庸〉。然而這還是總提，嫌於汎說而籠統，且問：畢竟證據何在？此必得就傳統所重，視為莊子自著的內七篇作一分析。故道盛又有內七篇分提，所謂「提」即「略提精要，存其大旨」，[註77] 就各篇主題與儒家或堯孔相應處，一一道來，而後其說有可立足之地，故第四，乃就內七篇分別指出與儒家義理對應處。原應續就各篇拈其要語以見道盛論此之旨，然此宜另撰長文，本篇非專論道盛，舉上文以見歸趣為止。然只處理以上四要點，實猶未盡其義。面對尊孔論外更久的傳統，道盛應當如何回答其疑難？

> 曰：自周已來，皆以老莊並稱，莊子於諸大聖皆有譏刺，獨於老聃無間言，至稱之吾師乎！吾師乎！非老聃之眞嗣，則莊子又何所嗣乎？
> 曰：惟此吾所以正其非老聃之嫡嗣，實堯孔之眞孤，何則？孔子嘗問禮於老聃，亦嘗屢稱曰：吾聞諸老聃。莊子目空萬古者，捨老聃之不託，更欲託誰以自全此寓言乎？夫既謂之寓，則所寓相似而非眞也；

〔註77〕頁 741，三十 b。此語雖單就〈大宗師〉一篇而論，要亦可廣適於內七篇。

能寓之人，豈可以相似而忘其真出處哉？使天下萬世無人知莊子爲堯孔真孤，而以相似之老耼爲所嗣，亦何愧乎？此一副真骨血真氣脈之爲大宗師應帝王者，又何所歸焉？……老子道德五千言，雖亦可羽翼五經，但如齊太公之夾輔王室則可，若以比魯之周公，爲文武之嫡嗣則不可也。老耼亦未曾有一言及于堯舜文武周公，及推孔子之賢，何足以嗣堯舜，亦何必爲堯舜之嗣？老耼之語渾雄簡樸，真足爲天地無爲自然之宗。然而闡揚內聖外王之旨，曲盡天人一貫之微，其縱橫抑揚，奇倔痛快能以神化移人心之天，而歸於自然處，即老子之文亦有所未逮也。（〈正莊爲堯孔真孤〉，六b～七b，頁769）

此其五，當就傳統以莊子爲老子嫡系之說作回應。關於此議題，道盛乃並用表法／思想兩路。就表法言，乃以老耼爲孔子所尊，故託之，這樣解釋明顯不夠充分，但他的理由可能是「以孔子所取重，而眾人不疑之人爲所託，則莊子既能以此自全，又能以此隱示苦心」。就思想言，老、莊固皆爲「天地無爲自然之宗」，但莊子轉出相應儒家「內聖外王之旨，天人一貫之微」，乃老子之所未逮。這個說明同樣不夠詳盡。老子之書固未見內聖外王之辭，但何嘗無此意？又「知常容，容乃公，公乃全，全乃天」（16）「天道無親，常與善人」（80）「天之道利而不害，人之道，爲而不爭」（81）豈非論天人？但老子又說「天之道，損有餘以奉不足；人之道，損不足以奉有餘」（77）又似截分天人，則其說似非無據。道盛未展開他的論證，其詳不可得而知。

　　道盛之說，即使有說明未盡之處，仍有數點難能之處：1 以上列五項分題，本窮盡這一議題的所有疑難，而道盛一無遺漏，正見道盛思慮之縝密，及其用心之深至。2 此一議題在道盛之前，都只能就〈田子方〉〈寓言〉幾處做觀感式的批語而已，也難再展新意，道盛卻又闢新徑；3 而且對莊、孔的推重及其間相承密意，正與他同時的佛門大德與居士意態或見解大異。如憨山德清（1546～1623）或公安三袁。憨山判孔子爲人乘之聖，老莊爲天乘之聖，更在二乘之下。〔註78〕而袁氏中郎有〈廣莊〉，其弟小修有〈導莊〉，皆主在會通莊、佛，以莊子爲「貝葉前矛」。〔註79〕道盛的說法在佛門毋寧是極可貴的。

〔註78〕〔明〕憨山：《憨山老人夢遊集》〈觀老莊影響論〉（嘉興藏，一一五，冊22）卷三十，頁645。
〔註79〕〔明〕袁中道《珂雪齋集》（錢伯城點校，上海：上海古籍出版社，1989）中，卷廿二，頁935。

　　道盛的說法，立刻由其弟子方以智（1611～1671）繼承，方氏所集著《藥地炮莊》承其師之付託，〔註80〕而略能衍生新義，如此寫道：

　　　　素王之孫，家懸一幅天淵圖，莊生竊而裝潢之。〔註81〕

素王之孫自是子思，依傳統看法，其學俱見於〈中庸〉。家懸「天淵圖」，自是指「天命之謂性」的客觀性進路，人的德性根源乃自天命體認，此體認自有一番風景。莊子承此學脈，但非「光明正大」，「竊」是暗中轉手，外人已不明其手段；「裝潢」是又換一番面目與世人相見，增飾附麗，外人更不能辨。此說沿楊時、林希逸而來，仿莊子寓言手法，更設此巧譬，眞乃相映成趣。另方氏於晚年著作《東西均》說：〔註82〕

　　　　莊子實尊六經，而悲一曲眾技不見天地之純、古人之大體，故以無
　　　　端崖之言言之，其意豈不在化迹哉？……理學出而以實鬭虛，已又
　　　　慕禪之玄，而玄其言以勝之者，皆不知天地之大，而仲尼即天地也。
　　　　其所執之實與玄，皆迹也。（《東西均》，頁 153）

此說則接續著王安石的說法，也根據〈天下〉篇立論。引文以「仲尼即天地也」之喻，不止以孔子之學印合古之純全道術，也喻其不可階升、涵容無限、若生生之本而爲學術總根源。方氏在承襲舊說之際，都有其巧譬而增富意義之處，非拾人牙慧而已。

　　同時又有錢澄之（1612～1693），〔註83〕其立場於〈與儼亭師論莊子書〉可見：

　　　　夫莊子言道德而訾仁義，毀禮樂，其言必稱老子，莊子之爲老子嗣
　　　　久矣。然其意中所尊服者，則惟一孔子。其言之涉於侮慢者，此訶

〔註80〕《藥地炮莊》之作，承意於覺浪道盛，可見以下諸說。陳大中跋〈莊子提正〉：
　　　　「杖人癸巳又全標莊子以付竹關，奄忽十年，無可大師乃成藥地炮莊。」（見
　　　　《天界覺浪盛禪師全錄》卷三十，頁 744）宋之鼎跋〈莊子提正〉「提莊託
　　　　千古之孤，眞奇書也，藥地大師因作炮莊。」（同前書）又興月〈炮莊發凡〉
　　　　「杖人莊子提正久布宇內，正以世出世法代明錯行，格外旁敲，鈔叶中和，
　　　　亦神樓引也。……在天界時，又取莊子全評之，以付竹關，公宮之託，厥在
　　　　斯歟！」（方以智《藥地炮莊》上冊（臺北：廣文書局，1975 年 4 月初版）
　　　　〈凡例〉，頁 6）。
〔註81〕方氏《藥地炮莊》上冊，頁 160-1。
〔註82〕此書據〈東西均記〉及龐樸考證，約成於西元 1652 年前後。見龐樸，《東西
　　　　均注釋》（北京：中華書局，2001 年 3 月）〈序言〉頁 7。
〔註83〕錢氏，桐城人，字飲光，別署田間老人。桂林陷後，削髮爲僧。錢穆先生《纂
　　　　箋》列於清代，但澄之但減方以智一歲，且幼時共遊，故接於藥地之後。

> 佛罵祖之智也。嘗以己說託爲孔子而稱之者，以爲孔子必當有是說
> 也；而又假託老子教孔子之說，以爲孔老相見時，應作如是說也。
> 一正一反，抑之揚之，以逼出孔子設教之所以然，若認作實語，便
> 是癡人前說夢矣。〔註84〕

此中沿襲舊說處，未見新解。而以「一正一反、抑之揚之」解孔子形象不一
的段落，也未必服人，因爲畢竟何正何反恐不易達致定論。但立場之宣示則
甚明確，竟不以老子爲莊子所歸尊。此外見解散見於《莊屈合詁》，〔註85〕如
〈大宗師〉：

> 莊子以聖人下於眞人一等，畸人自成一家耳。意中所謂聖人者，仲
> 尼也。仲尼之徒，首推顏子，故於篇中再舉之。尊顏子所以尊仲尼
> 也。李里一謂大宗師蓋尊仲尼以爲萬世師，豈其然乎！（頁102）

或有不明言尊孔，然其釋莊子之學，仍以儒學爲依歸處，如〈人間世〉總詁：

> 吾嘗謂莊子深於易，易有潛有亢，惟其時也。當潛不宜有亢之事，
> 猶當亢不宜存潛之心。而世以潛時明哲保身之道用之於亢時，爲全
> 軀保妻子之計，皆莊子之罪人矣。若莊子適當其潛者也，觀其述仲
> 尼、伯玉教臣子之至論，使爲世用，吾知其必有致命遂志之忠，爲
> 其於君親義命之際所見極明耳。（頁63-4）

此則論莊子若承擔世間責任，必與儒者之盡倫一致，確是有見。又如〈大宗
師〉：

> 此段言生死必不能無，惟善生善死者，即爲無生無死。游於物之所
> 不得遁而皆存，則生死一而好惡齊。故老天、始終無有不善也。即
> 此便是中庸「素其位而行，不願乎其外」。故曰君子無入而不自得焉。
> （頁86）

是則莊子與《易》、《中庸》皆一致（所以說「即此便是」），又更進於楊時等人
之說。但錢氏和林希逸一樣，並不認爲莊子純是儒者，故亦能尊老子，〈養生主〉：

> 老子死，必有其不死者也。……安常而處順，哀樂不能入，其養生
> 主之要旨乎？世之言長生者，皆祖老子。而今述老子之死，秦失三
> 號，則長生之謬，不言而自見矣。此莊子爲老子洗冤，所以尊老子

〔註84〕〔清〕錢澄之：《田間文集》卷四，頁71。《錢澄之全集》（合肥：黃山書社，
1998）。

〔註85〕錢澄之：《莊子精釋》（殷呈祥點校，合肥：黃山書社，1995年5月）。以下引
文但註頁碼。

也。（頁47）

既說「意中所尊服者，惟孔子一人」，不知何以又說「所以尊老子」？此姑置勿論。這段注解單就闢長生處論，已極具識見。〔註86〕而且我們更可視爲尊孔論史上的合理的詮釋範例，亦即不是只能在尊孔或尊老之間，必得作出漢賊不兩立的硬性選邊，隔岸叫罵，捉對廝殺。而應就文本論文本，先將各段落各篇章主意尋個著落，而後再審慮莊子的可能意向，而非如晁子止之流，先爲他選邊再決定文字如何閱讀。同時又有方氏友人王夫之（1619～1692），雖亦主莊子出於儒門，但與歷來之說均不同調，說謂莊子出於子張氏之儒：

> 況如子張者，高明而無實，故終身不仕，而一傳之後，流爲莊周。
> 〔註87〕

而其論表法也具東坡以降的特色：「特以其散見者，既爲前人之所已言，未嘗統一于天均之環中，故小儒泥而不通，而畸人偏說承之，以井飲而相掎；乃自處于無體之體，以該群言，而捐其是非之私，是以卮言日出之論興焉，所以救道于裂。則其非毀堯舜，抑揚仲尼者，亦後世浮屠訶佛罵祖之意。」〔註88〕此外其說詳見晚年《莊子解》，於會通莊、孔貢獻尤著，議論宏深，應另文發揮。〔註89〕雖然明有朱得之、沈一貫、焦竑，及道盛、藥地師徒之宏論，看似包覽無遺，實則尊孔論的議題尙有發展的空間，以下續論清朝與當代。

六、清：生死之超越、承於顏回之學脈

清代與莊子相關著述達二百餘家，多有採「以儒解《莊》」路數者。〔註90〕

〔註86〕 參看錢穆：《中國思想史》（臺北：學生書局，1983年9月）頁77，論老子思想流衍成長生，莊子思想演變出神仙，源異而流亦分。而錢澄之此辨乃由莊子代老子正源。

〔註87〕 《讀四書大全說》，（《船山全書》冊六，長沙：嶽麓書社，1991年12月），頁219。其詳解見林文彬《王船山莊子解研究》（國立臺灣師範大學國文研究所碩士論文，1986年5月），第八章「莊子解中之莊子與孔子」，分三節：歸宗於聖教、子張氏之儒、以孔子爲尊，頁138～166。

〔註88〕 王夫之《莊子解》（香港：中華書局，1985年9月），頁280。

〔註89〕 可參看拙著〈渾天與天均──王夫之《莊子解》發微〉，發表於《北京大學中國古文獻研究中心集刊》第九輯（2010年6月），也收入拙著《青天無處不同霞──晚明清初三教會通管窺》（臺北：臺大出版中心，2010年2月）。

〔註90〕 請參看陳琪薇：《清代學者「以儒解《莊》」之研究》（埔里：暨南大學中研所碩士論文，鄭吉雄先生指導，2001）。書中舉六個代表性人物立論：吳世尙、

首位於尊孔論見解有大貢獻的是林雲銘（1673 前後），林氏作《莊子因》，〔註91〕
前有雜說二十六則，首則劈頭便道出：

> 莊子另是一種學問，與老子同而異，與孔子異而同。今人把莊子與
> 老子看做一樣，與孔子看做二樣，此大過也。（頁 23）

則莊子明自為一家，唯其取擷於前人，故不得無異同，然林氏論異同近錢澄
之，而辨析尤詳，正與常解大異。第三則又說：

> 莊子末篇歷敘道術，不與關老並稱，而自為一家。其曰上與造物者
> 遊，而下與外死生無終始者為友。……世人乃以老莊作一樣看過，
> 何也？

此處再據〈天下〉篇列明莊子所以自為一家的確證，同時再次強調不當將老
莊混看。第四則接著說：

> 莊子另是一種學問，當在了生死之原處見之。其曰遊於物之所不得
> 遯一句，即薪盡火傳之說，為全部關鍵。老子所謂「長生久視」，則
> 同而異也，孔子所謂「未知生，焉知死」則異而同也。（頁 24）

錢穆先生雖說林氏此書：「不免俗冗」，但亦許其「以文章家眼光解莊，頗能
辨真偽，上承歐歸、下開惜抱，亦治莊之一途也」，〔註92〕若由引而未發的雜
說來看，林氏此處所言，實是卓立深刻之見，或不止於文章家數而已。他是
覺浪道盛、錢澄之之後，還能在「莊子尊孔論」主題上，真正舉出議題的人：
了生死之原處。其宗旨趨向不同為異，於生死問題見解一致曰同。取孔子「未
知生，焉知死」一句互證，實獨具慧眼，學者常以為孔子避談生死問題，實
則此語可有別解。而正與莊子〈大宗師〉「善吾生者，乃所以善吾死也。」一
語同調。因此得出這樣的結論，第六則：

> 莊子宗老而黜孔，人莫不以為然。但其言曰：「春秋經世，先王之志，
> 聖人議而不辨。」何等推尊孔子。若言其宗老也，則老聃死一段，

胡方、陸樹芝、屈復、王闓運、郭階。

〔註91〕 林雲銘，生卒年不詳，福建侯官人，字西仲，別號漚浮隱者，順治進士，
乃前述覺浪之弟子，有《古文析義》。《莊子因》（臺北：蘭臺書局，1975
年 3 月）。董思凝序王夫之《莊子解》說：「近閩人林氏莊子因出，而諸註
悉廢。」頁 3。時為康熙 48 年。可見林註必有邁越前人之處，與在當時的
影響力。

〔註92〕 錢穆：《莊子纂箋》序目，頁 4。林氏以文章家眼光註莊之獨到處，可參看簡
光明〈莊子評註初探——以《莊子口義》《莊子因》為主之考察〉，《逢甲中文
學報》（1991 年 11 月），頁 219～237。

何又有遁天倍情之識乎？（頁25）

此外林氏對莊子辨偽學也卓有貢獻。在〈讓王〉以下四篇之外，利用文章結構、意致、姿態、韻味的分析與說明，又汰去某些單篇（如〈刻意〉），更特出的是辨別單篇中的某些段落之偽（如〈至樂〉首段、顏淵東之齊段，〈天地〉華封人、伯成子高等段），較東坡汎言「分章名篇，皆出於世俗」更落實，更有說服力，且更細緻。

繼有陸樹芝〔註93〕《莊子雪》，書前有〈讀莊子雜說〉14 則，第一則說：

> 南華者，以異說掃異說，而功在六經者也。……因異說之至精者而更精之，由無為而進於無知，由無知而極於不自知其無知，使拘於墟者，更無可以炫其奇，而大觀於天下，則詹詹者皆廢矣。向使莊子而不為放言高論，無以箝異說之口，而大饜好奇者之心，則以辯求勝者，方日出而日新，後世愛博之士，且將目不暇給，孰肯返而求之六經耶？此其所以自列於方術之內，似詆孔而宗老，實欲駕老以衛孔也。〔註94〕
>
> 庶幾饜聽荒誕後，再去聽六經中老實語，轉覺平澹中有至味也。〔註95〕

這是從語言策略的兩面，論莊子心中的孔、老關係。一在點出莊子表法上的恣縱，既以絕奇的想像超出世間一切可能的想像，且正立足於異說一端，循對方路數發言而更精粹；再則使人的好奇滿足於此，既不再騁辯立異，亦不使人馳逐於怪說。這個論述角度前承於蘇軾等人，但認為東坡之說乃引喻失義，猶未足以知莊子；別與焦竑、道盛較相近，故第 14 則說：「必識罵佛確是愛佛之理，則莊子正先聖之外臣猶子」，〔註96〕亦自讀者反應立論，但著眼又異，不在歷來的毀譽窠臼，而在莊子總風格之「奇」的用心；〔註97〕而作用在助人能安反六經之平澹。其結語可據第 3 則：

> 故讀南華，須知其稱孔子之名而詆之者，非指孔子正身也，乃道旁之圖像而已；其併仁義禮樂而訾之者，非謂天命率性之本也，乃竊取之糟粕而已。〔註98〕

〔註93〕廣東信宜人，字次山，號見廷，別署三在齋。嘉慶舉孝廉方正，不就；官會同教諭。生卒年不詳。

〔註94〕《續編》，冊 34，頁 20～21。

〔註95〕同前註，第 7 則，頁 32。

〔註96〕同前註，頁 36。

〔註97〕同前註，參第 5 則，頁 28～29。

〔註98〕同前註，頁 26。

此則再論莊子所詆者僅是仿像與竊取，其說與焦竑並無二致。

　　清代學者多以爲莊子之學出於子夏門人，本文以姚鼐（1731～1814）爲代表。姚氏《莊子章義‧附錄》〈莊子翼題語〉五則之二說：

> 子夏之後有田子方，昌黎之說本史記儒林列傳。但未知田子方的是莊生之師不耳？然莊生的是從儒家來，故於儒者之教無不通曉。

是其於昌黎之說已不全信。但確認莊子源出於儒，又此書序：

> 子游之徒述夫子語……子夏之徒述夫子語，以君子必達於禮樂之原，禮樂原於中之不容已而志氣塞乎天地。其言禮樂之本亦至矣。然林放問禮之本，夫子告以寧儉寧戚而已。聖人非不欲以禮之出於自然者示人，而懼其知和而不以禮節也。由是言之，子游子夏之徒所述者，未嘗無聖人之道存焉，而附益之不勝其弊也。夫言之弊其始固存乎七十子，而其末遂極乎莊周之倫也。莊子之書言「明於本數」及「知禮意」者，固即所謂「達禮樂之原」，而「配神明，醇天地」「與造化爲人」亦「志氣塞乎天地」之旨。韓退之謂莊周之學出於子夏，殆其然與！〔註99〕

姚氏之說勝於韓愈之處，在於另從學術規模及宗旨上說，而不再據〈田子方〉篇不成理由的孤證。但既不確認田子方爲莊子師，則莊子與子夏和儒家之學脈如何建立？依〈天下〉篇。而提及坐忘的莊子，透過〈天下〉篇竟成爲「達禮樂之原」的學者，此或亦王安石未嘗料見的。舉姚說爲代表，以見修正近理的痕跡。姚氏之後，說者輩出，有章學誠（1738～1801）、王闓運（1832～1916）、楊文會（1837～1911）和嚴復（1854～1921）……等。〔註100〕最後以章太炎（1868～1936）之說終有清一代。章太炎先延續東坡、沈一貫、焦竑、道盛等人的閱讀法，在《國學概論》中說：

> 莊子有極讚孔子處，也有極誹謗孔子處，對於顏回，祇有讚無議，可見莊子對於顏回是極佩服的。莊子所以連孔子也要加以抨擊，也因戰國時學者託於孔子的很多，不如把孔子也駁斥，免得他們借孔

〔註99〕姚鼐：《莊子章義》序目，《續編》冊35，頁5～8。

〔註100〕實齋與湘綺皆主源出子夏，無足深論。楊氏略異於清代諸家，有《南華經發隱》，主要以佛學觀點解析，但仍能發見莊子自身的特色。（《楊仁山居士遺著》，臺北：新文豐出版公司，1993年5月）。嚴氏《嚴復集》（王栻主編，北京：中華書局，1986）冊四有《莊子評點》，論內七篇分篇主旨與相承次第，義蘊甚深。〈大宗師〉方內方外章評曰：「方內外皆可相忘，何必求爲畸人之侔於天而畸於人乎？莊子蓋知孔子之深。」此說特出，後文詳論。

子作護符。〔註101〕

他又駁斥莊子出於子夏門人之說，已見前文第三節。〔註102〕他另主張：

> 顏子之事不甚著，獨莊子所稱心齋坐忘，能傳其意。……惟莊子爲
> 得顏子之意耳。〔註103〕

又說：

> 莊子書中，自老子而外最推重顏子。於孔子尚有微辭，於顏子則從
> 無貶語。顏子之道去老子不達，而不幸短命，是以莊子不信衛生而
> 有一死生齊彭殤之說也。〔註104〕

又說：

> 七國儒者，皆託孔子之說以餬口。莊子欲罵倒此輩，不得不毀及孔
> 子，此與禪宗呵佛罵祖相似。禪宗雖呵佛罵祖，於本師則無不敬之
> 言。莊子雖揶揄孔子，然不及顏子，其事正同。〔註105〕

綜上所述，莊子依舊是道家，不過乃由儒家得手，非直承老子而已。明末錢
澄之只說「尊」顏回乃所以尊仲尼，章氏又開闢一新的論題，他視《莊子》
中絕無微辭的顏回段落，即顏回學問之眞傳（「得其意」）。此說至當代學者手
中，遂成一可信的見解，只是不若章氏等同二人形象而已。至於詆毀孔子之
故，乃欲使世俗假藉孔子以招搖撞騙者失所憑依，乍看又似同一呵罵論調，
然而既不同於焦竑的「即訶罵即讚歎」，也不同於道盛「由毀生起疑情」，近
於陸樹芝「罵佛愛佛、詆訾仿竊」又略有不同。呵罵是對有名無實與狐假虎
威者說，此呵罵是眞呵罵，但對象不是孔子自身，孔子自身乃另以顏回作替
身，所以較焦竑等人多一層轉折，即以呵佛罵祖而暗保本師。其間身分替
換之巧法，固可說章氏爲證明己說曲解之獨見，亦可說文章原有此巧妙設局。

　　清代林雲銘及嚴復，皆據內七篇立論，乃沿朱得之、沈一貫、道盛、藥
地一脈，既異於此前但據外雜篇立說之途，又能更深切著明，不可不說是「舊
學商量加邃密」。而嚴復「知孔子之深」的按語，可說是祝允明、錢澄之以後
更上層樓之說，尊不尊可暫置不論，而莊子可謂孔子身後的一知音。知者必

〔註101〕見章氏《國學概論》頁 50。
〔註102〕這並非純學術上的爭是非，也夾帶非政治立場相異的意氣。參看崔大華：《莊
　　　　學研究》（北京：人民出版社，1995 年 10 月）頁 346。
〔註103〕章太炎：《國學略說》（臺北：河洛圖書，1974 年 10 月）頁 140，142。
〔註104〕同前註，頁 169。
〔註105〕同前註，頁 172。

尊而不定言尊，尊者不必知而言尊亦無絲毫增益。錢澄之、章太炎更點出顏
回形象的特殊性，以作爲莊子尊孔的連接點與眞實意義。章氏之說經當代學
者闡發後，更可明其識見之深遠。

七、民國：人格的崇仰、境界之相應、儒道會通、與顏子學脈之再確認

民國以後，單就文獻發表次序來看，似以阮毓崧最先倡此義，〔註106〕其
《莊子集註》書前自序，成於民國十七年。他一方說：「莊子闡老聃之精蘊，
傳道術之正宗。」一方又說：

> 顧或問莊書與孔教之異同。余曰將無同之對，見晉書阮瞻傳矣。質
> 言之，則莊之傳出於子夏之門人，其所言至道之精微，多與中庸相
> 表裡，其推尊孔氏之處，且葆以加，是則孔門之嫡派大宗。惟以孔
> 氏者常不忘情於用世。而莊子寧曳尾泥中，深寄慨於世之亂焉爾，
> 其迹似未嘗無辨。〔註107〕

同書〈寓言〉篇註，又引成玄英、宣穎之說，是則自序中見解之本源也可略
知大概：尊孔、宗老、精蘊與中庸契合。然時世既晚，前人又多有論述，故
阮氏立說雜取諸人，不免有模糊籠統之處。立說之詳實，還待錢穆先生（1894
～1990）。

錢穆先生在五華書院的〈中國思想史〉六講中說：

> 莊子的思想，是批評儒家的，但他批評的是儒家的流弊，而不是儒
> 家的根本。他批評了儒家的毛病，而不是批評儒家的精神。所以莊
> 子心中還是推尊孔子的，對於孔子門下的顏回，更可謂是無間辭了。
> 〔註108〕

但講詞中只說意見，未及理由。細論還待《莊老通辨》，先再爲己說張目：

> 試就莊子書細加研尋，當知莊子思想實乃沿續孔門儒家。縱多改變，
> 然有不掩其爲大體承續之痕跡者，故莊子內篇屢稱孔子，并甚推
> 崇。……莊子內篇，則時述顏淵，若謂莊子思想，誠有襲於孔門，

〔註106〕阮氏，清同治九年生（1870），黃安人，字次扶。第一屆國會議員。
〔註107〕見《續編》，冊41，頁9。
〔註108〕講於1946年昆明。見錢穆：《學術思想遺稿》（臺北：素書樓文教基金會，2000
年12月）頁70。

則殆與顏氏一宗爲尤近。〔註109〕

而錢先生所持的理由是：

> 莊周特不喜言仁義，此則莊子思想之所由異於儒。而莊子亦好言知
> 天知命，則是莊子思想之承續儒家處也。……大抵莊子理想中一個
> 德充於內之人，大體段則仍是承襲孔子思想而來。又內篇人間世，
> 爲莊子思想中關涉於處世哲學方面之詳細發揮，……莊子關於人生
> 哲學之理想，必有與孔子顏淵一脈相通之處。故莊子關於人生哲學
> 方面之種種寓言，亦多喜託之於孔顏也。〔註110〕

錢先生將莊、孔相應處，落在知天知命與人生哲學上，而異處在莊子不喜言
仁義。如此有許多疑難當別解。如仁義固非僅限於人生哲學，但亦與儒家理
想息息相關，今在人生理想上相通而又不稱仁義，畢竟如何自處於人間？此
且暫置勿論，至少可見出莊、儒之會通處。且會通處正不僅此而已：

> 在第一階段中，常認爲人生界雖可知，而復寄慨於宇宙界之終極不
> 可知，此實爲自孔子至莊周一種共同的態度。〔註111〕

在宇宙論上又能看出莊、孔一致的態度，也是其精神會通處，而正亦由這兩
點，證明莊子在時間上先於老子，二人在學問上既無舊說之傳承關係，精神
意趣亦非同調。

其次則是鍾泰（1888～1979），於《莊子發微》中，先說自己問題發現的
經過，再說他對此問題的最終見解：

> 予嚮亦嘗以爲莊子殆兼孔、老兩家之傳，及今思之，是猶不免影響
> 之見。莊子之學，蓋實淵源自孔子，而尤於孔子之門顏子之學爲獨
> 契，故其書中顏子之言既屢見不一，而若「心齋」，若「坐忘」，若
> 「亦步亦趨」，「奔軼絕塵，瞠乎其後」云云，皆深微精粹不見於他
> 書。非莊子嘗有所聞，即何從而識之？更何得而言之親切如此？故
> 竊謂莊子爲孔門顏子一派之傳，與孟子之傳自曾子一派者，雖同時
> 不相聞，而學則足以並跱。〔註112〕

〔註109〕見錢穆：《莊老通辨》〈老莊的宇宙論〉（臺北：東大，1991 年 12 月）頁 145。
　　　　此文成於 1955 年。
〔註110〕同前註，頁 148-9。
〔註111〕同前註，頁 146。
〔註112〕見氏著《莊子發微》序頁 2～3。自序頁 3 中繫年「庚子年秋九月」，書成當
　　　　在西元 1960 年左右。〈出版說明〉「書成後，在六○年代前期曾以石印本問

鍾氏的斷案，說得斬釘截鐵：非兼孔老之傳，實源自孔子。而他所持的理由，亦不免有些過度，比如說「深微精粹」便須「嘗有所聞」，不然「何從而識之？」將無法解釋樞軸時代諸聖哲的創闢，或儒道釋三教立教者的天縱神采。又如言「嘗有所聞」，才能「言之親切如此」，也忽略了《史記》的記實文字，許多也是出於合理的想像，何曾是司馬遷親聞的？更何況莊子寓言式的創作思路及其筆力，揣摩筆下人物性格，並不困難，而且藝術家多半具備這等天分，也不是可詫異的事。可是所持理由雖然無法成立，但是和錢先生皆同以莊子學和顏子之學相契，應是值得注意的。之所以是源自孔門顏子一派，乃從莊子最精微的心齋、坐忘等實修處觀其會通。

再有唐君毅先生（1909～1978），《中國哲學原論》原教篇說：

> 他對孔子之人格德性之境界，則亦多推崇。如就莊子內篇而言，則
> 如人間世、德充符、大宗師諸篇，對孔子與其弟子顏淵等之人格、
> 德行之境界，皆備加稱道。莊子之學與顏回之學，明有相契之處。
> 唯在外篇如盜跖、漁父等乃多貶抑之語，然此昔人已謂非莊子自著，
> 又如秋水、寓言、達生、田子方亦有尊崇語。〔註113〕

唐先生見解可約為以下三點：1莊子尊孔子的人格德性，此據內篇中孔子出現次數較多的三篇立論；2莊子之學「明」與顏淵之學有契接處，此據莊子書中的稱道語立論；3莊子書中，或其本人或此學派見解一致，尤證此論非虛，此據外篇亦多有尊崇語。與錢先生持論頗相近。

再有張深切（1904～1965）與王邦雄先生（1941～）。張氏於《孔子哲學評論》中，有幾段甚有意味的說法，如：「孔老二學相吻合於先，莊子試包容儒學於後，……但看莊子書中抑揚孔學的文字甚多，亦可懸想莊子對孔學的親切與關心。」又（解〈大宗師〉）「莊子不否認孔子為一知道的賢人，但他不滿意以知道為止，而主張需要由知道而得道而至於安道。」又「他自知其學派的理想決難實現，……唯孔學始能接近他們一派的思想；故他嘔蘄將其思想的一部分寄託於儒學，而求其實現。」張氏未必曾考察上文所論諸家，但持論卻與荊公、道盛頗多相近之處。並得出這樣的結論：「統觀莊子全書，復檢討其學術想，吾人可知：莊子為反儒最烈之一，又可知他最能理解孔子

世，……」也可為證。

〔註113〕唐君毅：《中國哲學原論·原教篇》（臺北：學生書局，1984年2月）頁722。據頁10自序繫年「癸丑四月」，當在民國62年，西元1973年。

之一。他所反對的是僞孔學與俗儒；所理解的是孔子的根本思想與其人格。」
〔註114〕他並未像古人必於《莊子》書中得出一致的見解，而擬如反佛乃所以
奉佛、罵罵所以爲尊；特將贊賞與批評等觀並重，而分論其用心所在，這點
頗値得注意。王氏先於《中國哲學論集》〈自序〉簡述〈莊子其人其書及其思
想〉的大要：

> 對莊子內篇的思想，做一系統性的整體建構而外，並辯破司馬遷以
> 來對莊學的誤解，轉而提出莊子私淑孔門顏回一脈的新觀點，用以
> 解釋天下篇何以正面肯定儒學的原因。〔註115〕

敘述簡短而綜括性高，以內七篇重新解說爲基礎，辯破史遷之說、天下篇肯
定儒學、私淑顏回等，散之皆已見於古說，而綜之尙未盡糅於一人。在正文
申述其理由：

> 莊子的思想，不僅承接了老子之言，且已綜攝了儒學精神，故其學
> 術性格當在儒道之間。吾人細讀天下篇，……將儒家列於道術爲天
> 下裂的百家之先，而道家人物的關尹、老聃與莊子則落爲天下多得
> 一察焉以自好的一曲之士。……即以「天」而論，荀子之天，實近
> 於老子「道」之自然義，惟取消其超越的形上性格；莊子不言道而
> 轉言天，並落在內在生命人格的體證上，反逼近儒家。……莊子思
> 想，可能私淑儒門顏回一脈，引進儒家精神修養的工夫，轉而爲儒
> 道建一橋樑者。……依個人之見，莊子思想乃綜合儒家思想的精神，
> 以扭轉老子哲學的流弊，……專注在生命價值的深切反省，與不斷
> 奔騰上揚的人格修養，一者救老子哲學可能落於貧弱虛空的危機，
> 二者挺起人的價值主體性，將天道之美善，使內在於人的生命人格
> 之中。（頁60～63）〔註116〕

王氏承唐先生之說，如私淑顏回、儒道會通、文獻基礎擴大，又能有詳密的
開展與論證，在當代儒門四家之中既爲殿軍又規模嚴整。且此前尊孔論者的
零星偶感，如莊顏之契接處、莊承老而轉出處、一契一轉中莊學之精神所注、

〔註114〕以上所引具見張深切：〈莊學與儒學的比較〉，《孔子哲學評論》（臺北：臺灣
　　　　光復文化財團發行，1954年12月），第三篇的莊子部分，頁383～411。
〔註115〕王邦雄：〈莊子哲學思想〉，《中國哲學論集》（臺北：學生書局，1990年2月）
　　　　頁2。
〔註116〕王氏於同書另文有相同的論說，不具引，見〈莊子哲學的生命精神〉頁200
　　　　～202。

及此精神所注所透顯的學術性格新觀點……等，到了王氏都有實質的討論。其文曉暢，不復贅述論點。

以上近代四家，都是廣義的新儒家。〔註117〕因此發為此論，與其學問宗主不相牴觸，自是說來順理成章。最特殊的是他們都認為莊子承繼了孔門顏子一派之學，沿續章太炎之說，在莊子學史上的又一新見解，可與宋代以來「莊子與中庸相表裡」的說法並埒。〔註118〕

此外當代中國大陸學者中，所知有郭沫若、〔註119〕崔大華、李澤厚與劉綱紀。〔註120〕以崔大華的研究較完整，其《莊學研究》分三編，下編論莊子思想與中國歷代思潮，其中第八章〈莊子思想與先秦子學〉第一節說：

> 但其基本思想資料仍然和儒家思想有十分密切的聯繫，具體說來是指：
>
> （1）對孔子的借重　　在《莊子》一書中，最活躍的，出現次數最多的人物就是孔子。粗略統計，約有四十多個章節記述到孔子。如前所述，在莊子時代，孔子已經贏得廣泛的尊崇，已為世人奉為師表。就莊子本人來說，他對孔子也是真誠地尊重的。《寓言》篇有段他和惠施的對話：……可見，在莊子心目中，孔子是個有極高德行

〔註117〕如錢穆先生生前，絕不讓學界稱其為「新儒家」，其夫人錢胡美琦女史亦發表演說，希望學界莫視錢先生為新儒家，其得意門生余英時先生亦撰文為其師辯說，然此正見錢先生與新儒家不無相近處。另鍾泰先生，馬一浮先生曾有意請赴其書院為主講，約可見其意趣相投。王邦雄先生本即鵝湖月刊創社諸君子之一，早已以老子、莊子、韓非子專家名重一時。

〔註118〕學界亦非對此說全無反省與討論，最能由歷史因由以見「顏、莊」關係的另一種解讀方式，且具參考價值者，可參看吳冠宏《〈論〉〈莊〉顏子形象的塑成與定位——從商榷「莊子之學傳顏氏之儒」論起》，見氏著《聖賢典型的儒道義蘊試詮》（臺北：里仁書局，2000年11月），丙篇第一章。

〔註119〕見《十批判書》，群益書局民36年版，上海書局1992年12月重印，民國叢書4～1。頁164～166，170～171。以話語的徵引、核心主題的發言者、避世傾向、心齋坐忘等為證，推測莊子為「顏氏之儒」。

〔註120〕見李澤厚、劉綱紀合著《中國美學史》（臺北：谷風出版社，1987）第一卷·上冊，第一編第七章。此書觀點主要承接郭沫若。何以見得莊子為儒家流裔？本書綜合出幾個相應點：「這不僅表現在《莊子》一書在不少地方對孔子採取了肯定、讚頌的態度，也表現在孔子也有……出世傾向，……更重要的，還表現在莊子和孔子一樣，高度肯定人的意義與價值，對孔子……高揚個體人格的主動性和獨立性的思想，在實質上是熱烈地贊同的。」同時也舉出雙方的重大分歧，此分歧正使莊子在重大問題上批判儒家、超越孔子，形成先秦時期的獨立學派。以上見頁260～261。

的人，他的行爲已超越小智小故而與時俱化，他不是以利義是非的

外在標準，而是以出乎"大本"的高尚人格去感化人。莊子完全誠懇

地承認，孔子的道德力量是自己達不到的。〔註121〕

雖還是據〈寓言〉篇立論，不過他更交代了原文提出的理由，給予較詳盡的
說明。如標出「孔子的德行」，畢竟以何爲主？乃彰顯於孔子之與時俱化、非
宣教以義利規戒、乃人際之人格感化、且莊子歎服孔子的道德力量。〔註122〕
和前述新儒家在莊、孔關係的對應點上頗一致。

綜觀當代諸家，論述上顯示三大特點，一是綜括性愈高，故立論涵蓋面
較廣，而文獻基礎擴大；一是內七篇移爲立論的重心；一是愈趨向人物的內
在精神的對應。

八、綜述與結語：莊子對孔子的了解與儒道會通

（一）因本文作意，首在揭明莊學史上「莊子尊孔」說的詮釋現象，這
固然是對莊子學術的一種主張，但主要是客觀史實的綜觀，而非一對「莊子
原義」的個人裁斷。故專就《莊子》文本的解讀，在本文作意之外，當另文
處理。爲凸顯此論的客觀性，故徵引文字來源稍多，又爲縱述其歷史脈絡，
故未能深究各家。題爲「莊子尊孔論」，也是一個「以異說掃異說」的方式而
已，若平實地說，莊子尊孔的詮釋現象，似應視爲「莊子對孔子的理解」，亦
即孔子不止是莊子借重以發言的偶人而已，在抑揚不一的段落中，寓藏著莊
子深心中不可不有的嚴肅課題。也不宜單用「正面」一詞說明莊子的理解，
並抵制一般的「負面」看法，寧可用嚴復的感歎語氣說：莊子「知孔子之深」。
〔註123〕一如引論中所說，我們無意爲莊子單純定位於一學派之中，而寧採開
放的態度，包容並釋出莊學史上另一個已然宏大卻又沈寂的聲音。

（二）其次，關於此題，我們應理出歷代諸家彼此間的差異，約可從五
方面來看：

1、首先整理尊孔論的幾個類型及其問題：莊、孔關係約有以下數種：

尊孔承田子方、子夏而離本浸遠

尊孔且宗孔而爲儒門別傳

〔註121〕崔大華：《莊學研究》頁 350-1。

〔註122〕此段頗有異說，故崔氏此說既爲原文可有之義，亦較前人詳盡。

〔註123〕另王叔岷先生：〈論莊子所了解的孔子〉有同樣的說法：「我認爲莊子了解孔
　　　　子，在儒家者流了解孔子之上。」頁 18。

尊孔承顏子而爲儒門嫡傳

宗老尊孔而衍老氏之旨

尊孔、老而自爲一家

第二、第五兩說相近，尤以第五說當最近實況。還有幾個相關問題得稍作說明：

（1）尊孔未必宗孔：尊孔並不一定以孔子爲其唯一的依歸與宗主，只是就一位歷史上出現的人物，回應以相稱的理解與評價。即使以其承學於田子方、子夏者，亦不主張莊子宗孔，只說其學自儒家來。

（2）尊孔未必不尊老：孔、老的水火冰炭，我們已以司馬遷爲例，說明只是後學不善學所致，並非兩家學術性格的必然命運。如陶望齡也認可莊子宗老而尊孔，我們且不說是論者附合當時盛行的三教合一說，而可視爲「三教合一」才開啓了正視各家個性及通性的視野，而非彼此互爲異端定當厮殺。

（3）尊孔非不可批判：既是尊孔而可不宗孔，則此「尊」固可分程度之高下。但若據《莊子》書不以孔子爲最高的宗師，甚至頗有譏刺，來駁「莊子尊孔論」之不是的，依舊是陷在一種權威崇拜，將真理定於一人一家的心態。子路在孔門，亦時有桀驁不馴之言行，但未嘗有人不視爲儒門弟子。則異議原未定然指向異端。

以上三個問題其實只是一個，只因歷來說法糾結不清，故需費此分疏。我們只需將《莊子》書中的種種孔子形象匯集一處，加以綜觀，便知其間絕得不出純粹「詆訾孔子」的結論。〔註124〕〈齊物論〉說：「是其言也，其名爲弔詭。萬世之後而一遇大聖，知其解者，是旦暮遇之也」，正歎解者之難，傷知音之稀。何況莊子表法本非一般的「正言出意」，誰知抑揚即同於抑揚？或抑揚定反爲揚抑？抑揚不定或即抑即揚，原亦無施不可。故若讀者未必肯正視文本，而以己意之抑揚或傳統的是非爲定，則閱讀乃成爲滿佈迷陽之途。

2、從莊子的語言策略而論，發自蘇軾「陽擠陰助」，此後爲明、清士人繼承。同一「訶佛罵祖」，即有焦竑「即呵罵即讚歎」、章太炎「明呵假借暗保本師」論作者立意之殊；而詮釋爲讀者反應，也有覺浪道盛「由毀起疑情

〔註124〕請參看拙著，徐聖心：《莊子「三言」的創用及其後設意義》（臺北：臺灣大學中文研究所博士論文，林麗眞先生指導，1998 年）第三章第一節。以《莊子》中孔子的參差形象爲「複數眞相」。

以與天冥」、陸樹芝「釐奇歸澹」之別。

3、從《莊子》書人物形象立論，如孔子、顏回，論其與孔門學脈的關係，如成玄英、徐曉據〈田子方〉〈寓言〉篇，錢澄之、章太炎與當代學人據內七篇……等。

4、據《莊子》一書，辨析孔、老、莊三人學術源流關係，與莊子學的取向。如王安石之據〈天下〉篇，呂惠卿據〈大宗師〉，沈一貫、唐君毅等據內七篇；或重生死問題，如道盛、林雲銘；或謂莊子、與《易》〈中庸〉互爲表裡……等。

5、或將正面形象閱讀爲莊子對孔子的深刻了解，此爲嚴復所開以至當代新儒家的高遠視點。因爲從「了解」的角度入手，則更可脫離學派間的意氣與自封，即起手即超越抑揚毀譽是非的葛藤，而呈現氣象宏偉的哲人閱讀歷史人物的穿透力，並達致人格間的共振共感。

（三）最後，則綜理其相通之議題，以解釋「莊子尊孔論」在思想史的意義何在。

1、「莊子尊孔論」的另類理解歷史，其實源出於另類的閱讀法，亦即「閱讀莊子」的方法問題。此乃奠基於向、郭注，啓發自王安石，申論於東坡，而有焦竑、道盛、陸樹芝、章太炎……等持續開展的重大轉折，以及另有林希逸、林雲銘等「合三氏之長者，方許讀此書」的主張。而且還牽涉到更複雜的辨僞，如〈讓王〉〈漁父〉等——沒有任何版本或考古材料基礎的直觀辨僞，或文學鑑賞辨僞。極其至，彷彿可憑己意好惡肯否任意去取，黃鐘可以毀棄，瓦釜不妨雷鳴，棄者成釜而鳴者自鐘，誰鐘誰釜模糊難辨，有理難伸的無奈正供千古喧鬧；但另一方面，又顯示閱讀某些特殊文本時，解義天地的自由、慧識基準的嚴格需求、語言表義與歧意的兩重性與文本義涵的無窮……等。而《莊子》中孔子的正面形象，已是一客觀事實，且其意義猶待各方充分對話研討，絕不應驟歸片面之義。因此，若有人仍堅持有所謂「莊子的原義」，且其原義必是「批判儒家與孔子」，恐將是剛愎獨斷的一偏之見。

2、顏回與莊子：在莊子與儒家的聯繫線索，在系譜中，先是關聯於子夏，繼而繫屬於孔子，但愈至近代，愈與顏回相近，而由此隱然關聯於孔子。而韓愈主張出於子夏、田子方一脈的說法，雖支持者眾，但即後來尊孔論者多已駁之，衡諸本文，確然是證據薄弱，故吾人不擬於結語復贅。那什麼是顏回之學？或許是最有趣的問題。孟子亦有其認定的顏氏之學：「禹、稷、顏回同道」。則其所見之「同道」何在？此「同道」是標示儒學的精髓，且可徵顏

回之學的特色，抑或不足以顯著顏回的特異之處？章太炎、錢、鍾、唐、王諸先生所說的「顏回」會指向「同一」內涵嗎？抑或彼此的理解也大不相同呢？這些問題的裁決，當然只能回到《論語》和《莊子》中來求真實。

3、莊子與〈中庸〉：莊子除了與顏回相契之外，自楊時、林希逸、楊慎、覺浪道盛、方以智以降，至宣穎、〔註125〕錢穆先生又皆謂莊子與〈中庸〉關涉甚深。〔註126〕且顏回的思想與風格，畢竟《論語》中材料亦有限，故莊子與顏回之相契，大多需藉《莊子》虛構的重言立論；但莊子與〈中庸〉「相表裡」的關係，則各自有確定且具相當分量的文獻可供參照，尤可藉此進窺儒家、莊子「天人性命之學」的異同。

4、生死大事的超越見解：這是覺浪道盛、林雲銘等人的主張。尤其覺浪道盛的〈生死重超論〉，乃將佛教的「無生」，與儒家「未知生，焉知死」，及莊子「善吾生，乃所以善吾死」作極好的通貫解釋。

特值注意的是，一般解釋孔子「未知生，焉知死」此語，是將死亡問題存而不論。其實孔子本非此意，〔註127〕熊十力先生更說孔子「此六字含藏無量義」。〔註128〕明清學者在此議題，確能見出孔子持論的特出處。

5、仁德與玄德：主要據近代新儒家學者等人的論點，即莊子崇仰孔子的「人格、境界」，及莊子、顏回之學有相契處之說，筆者以為這才是莊子尊孔論的重點所在，亦即關聯於兩大議題：尊孔既如上述有諸多可能，莊子究竟何所尊於孔子？以及思想史中廣義的義理型態判別與交涉問題。

何謂仁德？孔子的生命真實，即是仁的全體大用。其仁心底感通又是層層

〔註125〕 宣穎：《南華經解》，《續編》冊32。其書〈自序〉：「於聖人之不欲剪者剪之，聖人之不輕示者示之，此莊子所以維末流之窮，而一出於忍俊不禁，一出於苦心致覺者也。後世分別九流，乃以異端目之。予謂莊子之書與中庸相表裡，……」（頁14）。

〔註126〕 雖然徐復觀先生對錢先生說法不以為然，但亦只確證〈中庸〉不承於莊子，及錢先生的論證論點不成立。但就《莊子》的表象而論，他也必得說：「有人說莊子出於田子方，即是出於儒家，雖未必可靠；但其受了儒家影響，且儒家及孔子，在其心目中的分量甚重，乃不容疑之事。（但其基本精神，乃出於道家而非儒家：……）」見〈中庸的地位問題〉，《中國思想史論集》（臺北：學生，1983年8月），頁72～88。

〔註127〕 簡要的說明可參看項退結：〈一個天主教哲學工作者眼中的死亡〉，《哲學雜誌》8（1994年4月），頁98。

〔註128〕 見〈熊十力佚書九十六封〉No.91，王守常、景海峰、翟志成點校（審訂、整理）。《當代》第81期（1993年1月），頁108。

擴大,平廣地溥及於人與物,縱深地相契於天。莊子所尊的孔子,正在其深厚
的生命內涵,及建立的儒學型態,此即合前述「天人性命之學」與「人格共感」
二義而言。所以吾人尋求莊、孔的對應,而回看莊子的生命,依然也應以其內
在精神爲主,但爲檢別孔子之仁德,不得已暫用道家「玄德」稱之。而且承接
前則,若說莊子與顏回所體證的最接近,那「莊子尊孔論」議題所涉及的理論
深度,並非單純地將「莊子與孔子」連線而已,而是莊子與儒家的關涉,亦即
表示兩思想系統的對話,換言之,《莊子》中孔子的確具有正面形象,這是在儒
道雙方的閱讀者所共許的;但這正面形象其實不應單純解釋爲代任一陣營發聲
而已,「《莊子》中的孔子」固然不可坐實爲歷史上的孔子事跡與言論(此本自
明不待多言),但也不可視爲莊子一己的思想代言人(如此孔子形象是一虛殼,
操弄於他人之手的偶人),而應視爲重疊影像。初看此影像爲一幅二環交集圖,
象徵莊、孔互攝的特殊情狀:「仁德如何深化玄德?玄德又如何深化仁德?」所
謂「深化」從兩方面來談,一乃指莊子眞有所得於異系統,能將其理論系統融
通,此是仁德對玄德之鼓盪;二乃指莊子能將異系統轉化,使其他理論得到更
充實豐富的衍繹,或更超然尖銳的反省與批判,而自己仍獨立爲新系統,此是
玄德對仁德之回應。若眞如此,再細看此影像,則更精確地說,或應是三疊影
像:莊、老、孔義理交涉的三環圖。換言之,若依梅貽寶先生的看法,莊子〈天
下〉篇所預示的「儒道融合的趨勢」,〔註129〕或不止始於作者未定的〈天下〉
篇,更是莊子自身在內篇就已經開始了。

〔註129〕梅貽寶〈由莊子天下篇窺察中國古代哲學發展的趨勢〉,《清華學報》4 卷 2
　　　　期,1964 年 3 月。